AF453910

LES ALLEMANDS EN FRANCE

HUIT JOURS

DANS

SEINE-ET-OISE

Meudon — Le Petit-Bicêtre — Bièvre — Versailles
Ville-d'Avray — Sèvres — Saint-Cloud — Montretout — Bougival
Le Pecq — Saint-Germain — Chevreuse — Gif
Orsay — Palaiseau — Longjumeau — Massy — Argenteuil
et les environs, etc., etc.

PARIS

LIBRAIRIE GÉNÉRALE

DÉPOT CENTRAL DES ÉDITEURS

72, BOULEVARD HAUSSMANN, ET RUE DU HAVRE

BRUXELLES	VERSAILLES
OFFICE DE PUBLICITÉ	CHEZ O. BERNARD
46, RUE DE LA MADELEINE	9, RUE DE SATORY

1872

LES ALLEMANDS EN FRANCE

———

HUIT JOURS

DANS SEINE-ET-OISE

PARIS

IMPRIMERIE JOUAUST

RUE SAINT-HONORÉ, 338

LES ALLEMANDS EN FRANCE

HUIT JOURS

DANS

SEINE-ET-OISE

Meudon — Le Petit-Bicêtre — Bièvre — Versailles
Ville-d'Avray — Sèvres — Saint-Cloud — Montretout — Bougival
Le Pecq — Saint-Germain — Chevreuse — Gif
Orsay — Palaiseau — Longjumeau — Massy — Argenteuil
et les environs, etc., etc.

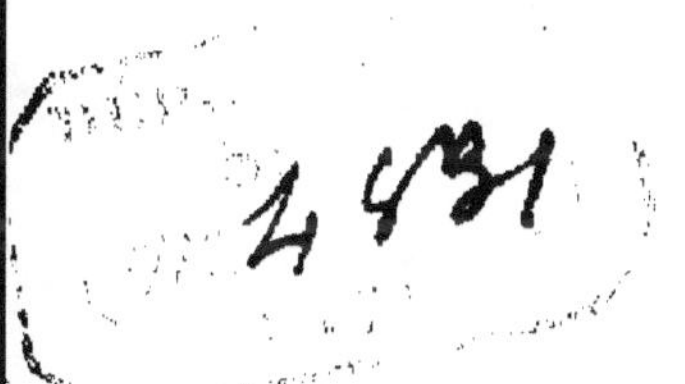

PARIS

LIBRAIRIE GÉNÉRALE

DÉPOT CENTRAL DES ÉDITEURS

72, BOULEVARD HAUSSMANN, ET RUE DU HAVRE

1872

L'invasion de la France par les Allemands, en mil huit cent soixante-dix, comptera parmi les grands fléaux qui ont affligé le monde, et remplira dans l'histoire une de ses pages les plus douloureuses. Le nombre des envahisseurs, leurs armements perfectionnés et longuement préparés, les procédés à la fois savants et sauvages appliqués par eux au pillage et à la dé-vastation, les ruines qu'ils ont entassées, les malheurs publics et privés qu'ils ont accumulés partout sur leur passage, laissent bien loin derrière eux tout ce qui avait été vu jusqu'à ce jour.

Les hordes de barbares qui ont jeté autrefois l'épouvante dans les populations n'ont pas causé tant de désastres, et ce n'est pas sans un profond étonnement que le penseur voit, au dix-neuvième siècle, ces calamités dont il croyait l'humanité depuis longtemps affranchie.

L'histoire, pour rester dans la vérité, désignera les envahisseurs sous le nom générique d'Allemands, mais les peuples, dans leur logique et leur justice, rejetteront sur la Prusse seule tout l'odieux de la guerre; ils pardonneront aux autres populations de l'Allemagne, entraînées contre leur volonté dans une guerre qui aura été pour elles sans profit comme sans gloire. La Bavière, le Hanovre, le Wurtemberg, la Saxe et les autres provinces allemandes asservies seront laissées dans l'ombre: on déplorera leur coupable faiblesse; comme châtiment, elles verront peser sur elles le poids humiliant d'une dictature sans frein. Le nom seul de la Prusse restera à jamais maudit et abhorré.

Mais ce que la France ne devra pas oublier, ce qui sera pour l'Europe une honte éternelle, c'est l'attitude des peuples en présence de nos souffrances, de nos désastres, de l'implacable ambition de l'ennemi. Aucun n'a le courage de protester, aucun ne se lève pour faire entendre à la Prusse la voix de la justice. Il semble que la France est un coupable recevant le châtiment de ses forfaits. Quel est son crime? La Grèce, la Turquie, l'Italie, ne lui doivent-elles pas leur salut? L'Angleterre ne lui doit-elle pas sa prospérité, les États-Unis leur indépendance? Quel profit la France a-t-elle retiré de la guerre d'Amérique, de la guerre de Crimée, de la guerre d'Italie, et de tant d'autres dans lesquelles elle a prodigué le sang de ses soldats pour la cause de l'humanité et des droits des peuples? Lorsque, mal préparée, elle fut menée follement à cette guerre *fatale contre un puissant ennemi apprêtant en silence, depuis un demi-siècle, la revanche d'Iéna, dès les premiers coups elle fut accablée sous le nombre : la guerre était finie. Mais la Prusse voulait une exécution ; l'Europe y fut conviée. Haineuse et jalouse, elle assiste sans pitié à ce spectacle qui est un outrage à la civilisation, en même temps qu'elle nous fait l'aumône, croyant apaiser nos justes rancunes. Elle n'ignore pas, cependant, que la France était depuis longtemps menacée ; elle oublie que le véritable agresseur est la Prusse, qui, tout entière sous les armes, attendait depuis longtemps une occasion favorable pour se ruer sur nous. Elle applaudit au vainqueur ; elle ne voit pas que chaque coup porté retombe sur elle, et que tous les peuples souffrent quand la France est blessée.*

Lorsque les grands événements qui doivent s'accomplir auront amené dans les conditions de l'Europe et du monde entier les changements nécessaires, quand les peuples auront compris qu'ils sont solidaires, le rôle néfaste de la Prusse apparaîtra dans sa sinistre lumière. On saura combien cette puissance, en foulant aux pieds tous les droits pour s'étendre et s'enrichir aux dépens des nations voisines, a été funeste à la marche du progrès, dont elle a arrêté pour longtemps l'essor. L'histoire flétrira énergiquement la conduite odieuse de ce peuple à demi barbare qui se croit civilisé, de ce peuple qui, poursuivant avec une inflexible ténacité la guerre et la conquête, ne craint pas, pour se justifier, de recourir à cette maxime révoltante et mensongère : La force prime le droit.

En attendant cette inévitable expiation, il m'a semblé utile de signaler, pendant qu'ils se pratiquent encore sous nos yeux, ou qu'ils sont présents à la mémoire, quelques-uns des actes de violence et d'iniquité commis par nos impitoyables adversaires, avant que l'impression première soit effacée par le temps, qui trop souvent altère les faits en exagérant ou diminuant leur importance.

C'est dans le département de Seine-et-Oise,

aux environs de Paris, que j'ai examiné de près la conduite de l'ennemi, ses habitudes, et ses rapports avec les Français. C'est là qu'il a séjourné le plus longtemps, il y est encore, et nulle part il ne s'est trouvé en aussi grand nombre. La plupart des renseignements que j'ai recueillis m'ont été donnés par des personnes qui ont été victimes des Prussiens; j'ai eu moi-même des preuves de leur brutalité, j'ai vu les ruines qui ont marqué leur présence, et c'est pour ainsi dire sous leurs yeux que j'écris ces lignes.

Février 1871.

HUIT JOURS

DANS

SEINE-ET-OISE

PREMIER JOUR

Meudon. — Le Petit-Bicêtre. — Bièvre.

C'est à la porte d'Issy, au delà des fortifications, que je vis de près pour la première fois des soldats allemands ; il y avait là une vingtaine d'hommes chargés de la vérification des laissez-passer et du maintien de l'ordre. Leur tenue était bonne, ils paraissaient robustes, et si tous les soldats de l'armée ennemie leur ressemblaient, nos défaites s'expliqueraient plus facilement ; mais il n'en est pas ainsi, car il est certain qu'aux portes de Paris, de même qu'à Versailles, on ne rencontre pour ainsi dire

que des soldats d'élite. Leurs armes et leur équipement
sont en bon état, ils paraissent vigoureux, ils ont par-
fois l'aspect militaire; mais ce que nous voyons près de
Paris semble être l'exception. Une autre remarque que
chacun a pu faire, c'est que les Allemands (en parlant
de l'armée je ne ferai aucune distinction entre le mot
Allemand et le mot Prussien), officiers et soldats, ont
ordinairement une tenue convenable vis-à-vis des Français. J'ai toujours rencontré une grande indifférence,
rarement le dédain, quelquefois des prévenances et le
désir de lier conversation. Malheureusement, ces bons
procédés sont trop souvent remplacés par des actes de
grossièreté; dans tous les cas, ils ne pourront jamais faire
oublier la violence et la brutalité dont beaucoup de soldats ont donné des preuves, surtout avant la signature
de l'armistice : c'est toujours en mettant le pistolet sous
la gorge de gens inoffensifs et désarmés qu'ils commet-
taient leurs exactions; et à ce propos, en rapprochant
les renseignements que j'ai eus de divers côtés, il me
paraît démontré que la conduite des Prussiens a été bien
plus odieuse au commencement de la guerre : dans les
premiers temps, ils n'étaient pas rassurés; ils craignaient
une résistance plus énergique, et ils ont voulu inspirer la
terreur; le pillage était à l'ordre du jour, et cet état de
choses a duré jusqu'au moment où, ne doutant plus du
succès, ils ont pu dissimuler leur cupidité sous des appa-
rences régulières et légales. Aussi reste-t-il une haine
profonde, ineffaçable, qui sera un jour un des éléments

de notre succès. Les enfants se souviendront ; ils recueilleront un héritage de malédictions sous lequel l'ennemi succombera tôt ou tard ; le seul nom de Prussien leur inspire l'horreur, et lorsqu'ils seront devenus hommes, si nous avions la faiblesse d'oublier le passé, ils y penseraient pour nous.

En sortant de Paris je me dirigeai vers Meudon. Je ne dirai rien du fort d'Issy ni des localités voisines, qui ont plus ou moins souffert du bombardement ; je parlerai seulement de Meudon, parce qu'il offre un sujet particulier d'étude. D'autres endroits, tels que Choisy-le-Roi, le Bourget, Champigny, Châtillon, etc., etc., ont été plus maltraités ; ils ont été occupés tantôt par les Prussiens, tantôt par les Français ; ils ont été le théâtre de combats ou victimes de représailles, et il est tout naturel qu'ils présentent l'aspect d'un champ de bataille. Meudon, au contraire, a été constamment occupé par les Prussiens, et, si l'on excepte le château et quelques bâtiments, qui ont été atteints par nos obus, le reste n'a eu à souffrir que de l'ennemi et des dégâts qu'il a commis. Presque toutes les habitations ont été soumises à des déprédations sans nom. En entrant dans la grande rue, le premier objet qui frappe la vue est une armoire en ébène : la porte et les rayons en ont été enlevés ; un soldat au casque à pointe monte la garde devant ce meuble, qui sert de guérite. Depuis, j'ai vu souvent des armoires dont on avait ainsi changé la destination après que leur contenu avait été pillé.

A Meudon, comme dans beaucoup d'autres lieux, tous les meubles ont été enlevés ou brûlés par l'ennemi; le jour de mon passage on chargeait dans des chariots des objets qui avaient été oubliés. Les maisons sont saccagées, les vitres brisées, les portes, les persiennes enlevées; les glaces en morceaux; des cloisons, des cheminées sont démolies; des escaliers en bois, des parquets, des solives, des poutres, ont été brûlés; des arbres ont été coupés, et cependant le bois ne manquait pas! Des débris de meubles, des livres, des papiers, de la ferraille; des fragments de vaisselle, de bouteilles, de statues, de tableaux, couvrent le sol; des décombres de tous côtés, la ruine et la dévastation partout! Les habitants ne sont pas encore rentrés, les rues sont désertes; de temps en temps on rencontre une femme en haillons qui ramasse des débris de meubles pour se chauffer.

Je termine ce tableau, qui est bien incomplet. On peut voir dans les départements de la Seine et de Seine-et-Oise une centaine de villes et de villages qui n'ont pas été mieux traités.

Sans doute la guerre a ses nécessités, mais la dévastation n'était pas indispensable. Pourquoi ce pillage dont l'ennemi ne tirait souvent qu'un mince profit? Était-ce par haine nationale, par esprit d'envie? C'est la guerre, répondent les Prussiens. Sans doute c'est la guerre, mais comme la pratiquent les sauvages!

Je ne reviendrai plus que rarement sur ces faits si affligeants, mais avant de quitter ce sujet je dois chercher à dissiper une erreur que l'on commet tous les jours. On prétend que nos armées n'ont pas mieux agi en pays étranger. Il n'en est rien; dans les guerres modernes il n'a été commis aucune déprédation, si ce n'est en Chine, où le pillage a été scandaleux. Il a été souvent question des ravages exercés par nos troupes dans les guerres du premier Empire. Sans doute les Français ont pillé; ils se sont procuré par la violence, lorsqu'ils leur étaient refusés, les vivres dont ils avaient besoin; mais ils n'ont pas brisé et dévasté sans nécessité; ils se sont conformés aux usages de la guerre et n'ont pas agi plus mal que les autres.

Un reproche qui n'est pas mieux fondé est celui qu'on fait à nos soldats et à nos gardes mobiles en garnison aux environs de Paris, d'avoir tout dévasté. J'ai visité plusieurs des localités qu'ils ont occupées : il est vrai qu'ils ont commis des dégâts, qu'ils se sont approprié des vivres, qu'ils ont brûlé des meubles, des persiennes, des parquets, etc.; mais il y avait en leur faveur cette circonstance qu'ils ne pouvaient pas faire autrement; ils manquaient de bois par un froid rigoureux, souvent aussi ils manquaient de vivres; ils ont obéi à la loi de la nécessité, mais ils n'ont pas volé et pillé. Ces actions coupables ont été le plus souvent le fait de maraudeurs. Quoi qu'il en soit, il serait juste d'indemniser les propriétaires qui ont eu à souffrir de la présence de nos soldats; mais nous aurons tant à payer que cette dette sera sans doute oubliée.

Dans plusieurs départements on s'est plaint également de nos soldats et de nos mobiles; certaines personnes ne craignent pas de dire qu'ils ont plus mal agi que les Prussiens. On peut leur répondre que, si leur conduite vis-à-vis de l'ennemi avait été ce qu'elle devait être, que si, au lieu de lui fournir avec empressement tout ce qu'il demandait, et même d'aller souvent au-devant de ses désirs, en même temps que le nécessaire était refusé à nos soldats, les réquisitions forcées leur auraient été épargnées. Ces populations si peu patriotiques ne peuvent donc s'en prendre qu'à elles de ce qui leur est arrivé, et personne ne doit les plaindre.

En quittant Meudon, je visitai le château. Il a été criblé par nos projectiles; ce n'est plus qu'un monceau de décombres à l'intérieur; les gros murs sont encore debout en partie; on ne voit que débris de statues, de vases, de colonnes, vaisselle, bouteilles, mêlés aux éclats des obus. Sur la terrasse sont établies les batteries prussiennes; par derrière et sur les côtés, des arbres ont été coupés par les boulets; de loin en loin on rencontre un énorme obus qui n'a pas éclaté.

Après avoir longé les murs de la capsulerie où Napoléon III faisait ses expériences de mitrailleuses, qui lui ont si peu servi, et traversé le bois par une route bordée d'arbres abattus, je me dirigeai vers Bièvre. Jusque-là je n'avais rencontré que des soldats assez propres: ici, c'est différent, ceux que j'ai vus là et plus loin, et ils sont nombreux, ont produit sur moi une singulière impression. Je dois dire que le temps était pluvieux, la terre détrempée, les chemins défoncés et remplis de boue. Ces soldats étaient couverts de longs manteaux sales, d'une couleur vert sombre, qui de loin les faisaient ressembler à des moines. De plus près, il me sembla voir parmi eux des figures connues, me rappelant ces Allemands qui avaient le soin de nos égouts ; enfin, je crus voir une bande de balayeurs déguisés en soldats. Ils sont campés dans les champs ; les travaux qu'ils ont exécutés d'une manière intelligente sont destinés à couvrir, avec les feux de leur artillerie, la plaine qui s'étend autour d'eux et les routes environnantes.

A quelques centaines de pas plus loin, les routes se croisent, et comme je venais là pour la première fois, je ne savais quel chemin prendre pour aller à Bièvre ; les inscriptions allemandes que je voyais ne me renseignaient pas, et au lieu de suivre la route de Bièvre, je prends celle de Châtillon. Je marche ainsi pendant une demi-heure, ne voyant que des Allemands ; l'un deux, qui venait derrière moi, me réjoint et m'aborde en me disant : « Ler ? » Il me demandait l'heure. C'était un homme de petite taille ; il était enveloppé d'un manteau assez sale ; sur sa tête était un casque en cuir bouilli ; son ventre était d'une grosseur respectable ; l'ensemble, d'un aspect peu imposant, avait la forme d'un œuf ; la figure était souriante. J'essayai de lui faire comprendre au moyen de gestes significatifs (car je ne sais pas un mot d'allemand) que depuis que ses aimables compatriotes étaient en France il était prudent de voyager sans montre. Il sembla saisir le sens de mes gestes, car il se mit à rire. Il aurait voulu parler, mais comme il ne savait que quelques mots de français, nous ne pouvions nous entendre. Je saisis cependant les mots : « Soldats français, braves ! chefs, mauvais ! » Je crus comprendre aussi qu'il était de la landwehr et peintre à Munich ; il me sembla qu'il déplorait la guerre et qu'il avait hâte de revoir la Bavière. Mais je fus vivement intrigué en le voyant porter la main à son cou, le serrer en me montrant un arbre, et faire une horrible grimace en prononçant le nom de Bismarck.

En ce moment nous passions devant une maison qui avait été incendiée, comme on en voit tant de ce côté; le peintre se baissa, il essaya de ramasser un débris de charbon, mais, malgré ses efforts, sa main ne pouvait l'atteindre ; les vêtements dont il était couvert, et surtout son ventre, y mettaient obstacle. Comprenant son désir, je lui tendis un morceau de charbon; alors, sur le plâtre de la muraille, il se mit à dessiner. Je vis d'abord se dresser une potence, au bout de la corde un casque pointu, puis une tête grimaçante, et enfin un corps suspendu dans le vide. J'avais compris; mais, pour ne laisser aucun doute dans mon esprit, le peintre écrivit : Bismarck kaput. (A mort Bismarck !)

Depuis j'ai retrouvé partout le même sentiment de haine contre ce ministre; officiers et soldats le détestent; on redoute son ambition; on le voit poursuivre froidement une œuvre de conquête et d'anéantissement qui sera également fatale aux deux nations, et l'avenir se présente à tous plein de menaces. Quant au roi, personne ne paraît s'en occuper ; on sait qu'il passe son temps à boire, à manger, à écrire à la reine Augusta et à invoquer le dieu des armées, laissant à son ministre le soin d'enrichir la Prusse à nos dépens. Un Français passait, je lui demandai mon chemin : je m'étais trompé de route, et je dus retourner sur mes pas. Je quittai le Bavarois, qui s'éloigna en me donnant son nom ; je l'ai oublié. Du reste, c'est un de ces noms allemands qu'un Français ne saurait ni prononcer ni retenir.

Une heure après j'arrivais au Petit-Bicêtre. Le hameau se compose de trois ou quatre maisons qui ont conservé des traces de la bataille du 19 septembre, dont j'aurai occasion de parler : des murs, des cheminées, des toits, ont été atteints par les boulets. Lors de mon passage rien n'avait encore été réparé.

Avant d'arriver à Bièvre, on voit à gauche, à quelques pas de la route, un petit tertre garni de gazon, entouré d'un treillage. Cette place paraît pieusement entretenue ; on y remarque du buis et des couronnes d'immortelles ; elle est surmontée d'une croix sur laquelle on lit : 19 septembre 1870, et ces mots allemands :

Hier ruhen ein Bayer, ein Preuße
und ein Franzose.

Au pied de la croix, sur une plaque en bois, se trouve cette inscription en français :

Ici reposent,
unis dans la mort,
un Bavarois, un Prussien et un Français,
tués au combat du 19 septembre 1870.

Ce jour-là il y avait encore à Bièvre trois ou quatre mille soldats de deux ou trois nationalités différentes ; la landwehr bavaroise s'y trouvait en majorité. Les Bavarois ont droit à une mention spéciale. Les opinions sont partagées, je dois le dire, sur leur compte. Ils passent généralement pour être ausssi pillards que les autres soldats allemands ; cependant on les supporte plus facilement, parce qu'ils détestent les Prussiens ; ils ne s'en cachent pas ; ils disent hautement qu'ils ont marché contre nous malgré eux ; ils en gémissent, et, quand nous recommencerons, peut-être pourrons-nous espérer qu'ils se joindront à nous avec d'autres provinces de l'Allemagne.

Je marchais depuis longtemps ; j'avais quitté Paris de bonne heure, médiocrement soutenu par les 30 grammes réglementaires de mauvaise viande (sans doute un vieux débris des chevaux des petites-voitures) et les trois cents grammes de ce mélange sans nom qu'il était si difficile d'obtenir dans les boulangeries, et c'était la ration de toute une journée ! Je songeai à me reposer et à prendre quelque chose. Je cherchai une auberge dans laquelle il n'y eût pas de Prussiens ; toutes en étaient remplies. Enfin je me décidai à entrer dans celle qui me parut la plus propre. Les officiers y prenaient leur repas, des soldats buvaient dans une salle à côté. Il n'y avait de place nulle part, excepté dans la cuisine. Dans un coin j'aperçus un soldat auquel personne ne paraissait faire attention ; il tenait une petite fille sur ses genoux et pleurait silencieusement : j'appris qu'il avait reçu la veille une lettre lui annonçant la mort de sa femme, qui laissait cinq jeunes orphelins.

Tout ce qui a été dit de l'affection que les Allemands portent aux enfants est vrai ; dans les maisons qu'ils occupent avec les habitants et où se trouvent des enfants, il n'est pas rare de voir les soldats les prendre, les embrasser et avoir mille attentions pour eux. C'est par milliers que l'on pourrait compter ceux que ces soudards ont tenus sur leurs genoux. Beaucoup d'entre eux sont mariés, et l'on s'accorde à dire que la plupart ont le culte de la famille. Cela n'a rien d'étonnant, les peuplades les plus sauvages ne l'ont-elles pas aussi à un haut degré ?

Lorsque je voulus me mettre à table, je ne trouvai pas de chaise et j'en demandai une. L'aubergiste me regarda d'un air étonné : il paraissait ne pas me comprendre. Je répétai ma demande. « Une chaise ? me dit-il, je n'en ai pas ; il y a plus de quatre mois que je n'en ai vu ; les miennes ont toutes été brûlées il y a longtemps. » Et il me raconta les traitements odieux qu'il avait eu à endurer dans les premiers temps de l'invasion, coups de plat de sabre, coups de poing, coups de pied, etc. Depuis quatre mois cet homme n'avait pas couché dans un lit; il était harassé, obligé qu'il était d'être continuellement aux ordres des Allemands; mais du moins il avait la vie sauve, plus heureux qu'un malheureux jardinier, son voisin, lâchement assassiné par eux dans un abattoir. C'est surtout quand ils sont ivres, et ils le sont souvent, qu'ils sont dangereux; ils sont naturellement brutaux et grossiers, mais dans ces cas-là ils deviennent féroces.

Il y avait longtemps que je n'avais vu de véritable pain, et je demeurai surpris de l'éclatante blancheur de celui qui était devant moi : les Prussiens n'en avaient pas eu d'autre pendant que nous vivions de son et d'avoine ! Je remarquai en même temps deux chats paresseusement couchés près du foyer : je les regardai curieusement, comme une chose que je n'avais pas vue depuis longtems : les chats étaient devenus si rares ! nous les mangions, et l'ennemi ne manquait de rien !

Tout se passa bien au commencement; les Prussiens circulaient autour de ma table, l'un demandant du vin, l'autre du cognac; ils buvaient en silence. J'ai remarqué que, même quand ils sont ivres, il parlent moins que les Français; ils chantent. Je me réjouissais de voir qu'aucun ne venait se placer auprès de moi; mais ma joie ne fut pas de longue durée. L'un d'eux demande à manger et s'assied sur le banc en face de moi. Pour la première fois je remarque la manière peu gracieuse dont la plupart des Allemands tiennent leur fourchette ; mais le plus souvent ils se servent de leurs doigts. A propos de doigts, je n'ai jamais vu un mouchoir entre les mains d'un Prussien : ils le remplacent ordinairement par le pouce et l'index de l'une ou l'autre main, qu'ils emploient avec une égale facilité.

Celui qui était devant moi était Bavarois ; il sourit d'un air satisfait quand l'aubergiste, que je questionnais, me répondit que les Bavarois valaient mieux que les Prussiens. Il avait très-bon appétit ; mais, comme il était enrhumé, il portait ses doigts alternativement du plat à sa bouche et de sa bouche à son nez. Je compris mieux que jamais l'utilité d'un mouchoir.

J'avais hâte de sortir, mais je devais voir autre chose. Un des soldats qui étaient là se fait servir une bouteille de cidre ; il se place à côté du premier, et, pour ne pas avoir la peine de demander un verre, il prend sans façon celui de son voisin et s'en sert. Ils burent ainsi à tour de rôle, l'un du cidre, l'autre du vin, dans le même verre, sans se parler. Je crois qu'ils ne se connaissaient pas.

Enfin, je quittais la salle quand il en vient un troisième. Il lève la main en étendant les doigts : il demandait un cinquième d'eau-de-vie (un cinquième de litre, ou environ sept ou huit petits verres ordinaires). On place la mesure pleine devant lui, et en quelques secondes elle était vidée.

Toutes ces choses, si nouvelles pour moi, ces habitudes dont je n'avais aucune idée, me paraissaient étranges, et, seul au milieu de ces gens, il me semblait que je n'étais plus en France.

Je m'en allai, j'en avais assez vu. Je continuai mon voyage et j'arrivai à un point de la route qui domine une vallée profonde. De cet endroit la vue s'étend au loin. Au milieu de prairies entourées de collines boisées coule une petite rivière ; à droite on découvre le vallon de la Mérantaise, qui se confond avec la vallée de Chevreuse. On aperçoit de nombreux villages qui sont encore occupés par l'ennemi ; de temps en temps on rencontre des patrouilles, et de loin on entend sur les routes le bruit des fers de leurs chevaux ; le soir, quand on les voit ainsi dans l'ombre, on dirait des oiseaux de nuit cherchant une proie.

En arrivant je trouvai tout en ordre : ma maison est isolée ; il n'y avait rien à prendre, elle ne contient que des meubles sans valeur. Pendant quelque temps elle avait été occupée par des Poméraniens, qui avaient laissé un grande quantité de souvenirs que trois lavages successifs n'ont pu faire complétement disparaître, et de plus un certain nombre de ces insectes dont les soldats allemands sont abondamment pourvus. Des personnes qui ont pu faire la comparaison assurent que ces parasites étrangers sont plus gros et mieux nourris que ceux de France.

Je trouvai aussi une cravate crasseuse, avec agrafe et

boucle en fer ; sur le revers était écrit : *Hoff!* Ce nom me rappela le fameux sergent français qui passa, à tort ou à raison, pour un espion prussien, et qui disparut si mystérieusement.

J'avais saisi avec les pincettes cet objet, dont la vue et l'odeur n'avaient rien d'agréable, et je me disposais à le jeter ; mais, mon feu étant allumé, je le laissai tomber sur le brasier. Aussitôt il s'en dégagea, grâce à la couche graisseuse dont il était recouvert, une flamme qui lutta avec la lumière de la bougie ; en même temps une fumée nauséabonde, qui se répandait dans la chambre, m'obligeait à ouvrir les fenêtres

DEUXIÈME JOUR

De Bièvre à Versailles.

Je m'étais couché très-fatigué; il faisait jour depuis longtemps, et je dormais encore. Je fus réveillé par un bruit étrange; c'était un roulement sourd. Peu à peu le bruit devint plus distinct; il me semblait entendre le son du tambour; c'était comme étouffé, on aurait dit une marche funèbre. Je me lève à la hâte et je vois défiler sur la route, tambours en tête, un bataillon qui paraissait venir de Versailles. Le tambour prussien, que je ne connaissais pas encore, est moins haut que le nôtre; il n'en a pas l'éclat; le son est sourd et grave, il ne communique ni élan ni entrain, mais il s'entend d'assez loin : les soldats avaient disparu depuis longtemps que je distinguais encore les roulements.

De ma chambre j'aperçois sur les arbres de la prairie des grives, des merles, des pigeons ramiers; j'aurais voulu tuer quelques uns de ces oiseaux, mais on m'a prévenu que le bruit d'un coup de fusil pourrait contrarier le roi Guillaume, et que ce passe-temps ne me coûterait pas moins de 100 francs d'amende, sans compter la prison ; j'ai dû me soumettre aux lois du pays.

Il me tardait de voir Versailles, et le jour même je me dirigeai de ce côté, en passant dans la plaine qui s'étend entre Châtillon, le Petit-Bicêtre, le bois de Meudon et Vélizy, où la bataille du 19 septembre a été livrée.

Sur les routes je voyais des chevaux morts qui n'avaient pas même été dépouillés, les yeux avaient été mangés par les corbeaux ; fréquemment je passais à côté de troupeaux de moutons et de vaches conduits brutalement par des soldats.

Des voitures d'ambulance, des fourgons d'artillerie, des voitures grossièrement faites, des chariots de formes singulières, chargés de vivres et d'habillements, dirigés par des soldats revêtus de longs manteaux et coiffés de casquettes sans visière, encombraient les routes.

Le pain, la viande salée, pêle-mêle dans des tombereaux non couverts, étaient exposés tantôt à la pluie, tantôt à la poussière. — Tout cela avait un aspect repoussant.

Souvent aussi je rencontrais des troupes, les unes en marche, le sac au dos ; les autres, arrêtées sur les bords des chemins, se reposaient en mangeant. J'ai appris depuis qu'elles se dirigeaient du côté de la Loire, en prévision d'un mouvement de Chanzy. Je ne sais d'où venaient ces troupes ; je n'ai jamais vu soldats plus fatigués et dans une aussi sale tenue. Il est vrai qu'il avait plu et qu'ils étaient lourdement chargés, car, outre leurs habillements et équipements, ils portaient les petits objets de valeur qu'ils avaient pillés. En outre, les soldats allemands sont plus couverts que les soldats français ; ils ont souvent deux gilets de coton ou de flanelle, deux chemises, des ceintures de laine et d'épais manteaux ; on sait qu'ils ont rarement un mouchoir. Le bas des jambes et les pieds sont enveloppés de linge dont leurs larges bottes sont bourrées. Tout cela contribue à rendre plus difficiles encore leur mouvements, naturellement si lents. Cependant ils ne doivent pas être plus chargés que nos soldats, car ils n'ont pas d'objets de campement ni aucun ustensile de cuisine, ayant l'habitude de prendre chez l'ennemi tout ce dont ils ont besoin. Nos soldats, au contraire, ont en campagne ce qui leur est nécessaire, aussi ne demandent-ils rien dans les pays où ils passent ; lorsque cela arrive, ils ne prennent pas, ils achètent.

Le pillage est un des éléments de succès des armées allemandes ; il est souvent autorisé par les chefs, qui saisissent le moindre prétexte pour leur donner cet encouragement.

Je comparais les soldats qui passaient devant moi aux troupes françaises, et je trouvais une grande différence : nos soldats ont l'allure beaucoup plus vive ; les Allemands, du moins ceux que je voyais là, marchaient régulièrement, il est vrai, mais lourdement et sans entrain ; il y avait beaucoup de traînards dont on ne paraissait

pas s'occuper. J'en ai rencontré qui étaient assis ou couchés sur les tas de pierres bordant la route ; plusieurs
étaient endormis, quelques-uns étaient ivres

· Ce jour-là j'ai été témoin d'un curieux spectacle.
Trois Prussiens étaient assis sur le bord du chemin, devant une énorme marmite dans laquelle ils puisaient tour
à tour, tantôt avec leurs fourchettes, tantôt avec leurs
doigts ; un chien (ils ont souvent de ces animaux avec
eux) prenait part au repas, et de temps à autre, avec sa
gueule, il fouillait dans le plat sans être aucunement inquiété. Du reste, j'ai su depuis que cela n'avait rien
d'extraordinaire ; plusieurs personnes ont été témoins de
faits semblables.

La cuisine des soldats allemands est des plus simples ;
la manière dont elle se fait est expéditive, et cela est
nécessaire, car ils passent une partie de leur temps à
manger. Ils font régulièrement quatre repas et prennent
le café deux fois par jour, sans négliger le vin et l'eau-
de-vie, pour lesquels ils ont une prédilection bien connue ;
ils font aussi une grande consommation de pommes de
terre.

Lorsqu'ils veulent manger un poulet, ce qu'ils peuvent
faire souvent (puisqu'ils n'ont qu'à étendre la main dans
la première basse-cour venue), ils ne se donnent pas la
peine de plumer l'animal ; ils le dépouillent, lui coupent
la tête, les pattes et les extrémités des ailes, le vident
quelquefois, puis le jettent dans une marmite avec de
l'eau, du sel, du riz ou des haricots ; tout cela donne,

au bout d'un certain temps, un mélange qu'ils partagent fraternellement avec leurs chiens.

Ces soldats sont généralement gros et gras; comme ils disposent de nos meilleurs produits, ils se nourrissent bien, et plus d'un, en rentrant dans son pays, où la misère est grande, perdra de son embonpoint et regrettera le temps passé en France.

Pendant cette journée et les suivantes, j'ai pu constater que les prairies qui s'étendent derrière Versailles, de Saint-Germain à Juvisy, sont en partie restées incultes ; il en est de même dans plusieurs endroits du département et, m'a-t-on dit, dans un grand nombre de contrées de la France Les hommes et les chevaux ayant été mis en réquisition, les travaux de la campagne ont été forcément délaissés; de plus les gelées persistantes ont causé de grands ravages, et il est facile de prévoir que, sous le rapport de la récolte, l'année 1871 sera des plus mal partagées.

En outre, la peste bovine sévit cruellement partout. Ce fléau est venu avec les Allemands, dont le bétail infecté a communiqué la maladie au nôtre. On a remarqué qu'il en avait été de même dans toutes les invasions.

Dans mes excursions j'ai vu plusieurs fois le télégraphe prussien qui paraît entourer Paris. C'est un mince fil de fer, soutenu de distance en distance par de frêles poteaux. La première fois que je l'ai vu, j'ai eu la tentation de le jeter à bas d'un coup de pied ; mais à quoi bon? tout était fini. Quant au chemin de fer circulaire

que les Prussiens avaient, disait-on, construit à une cer-
taine distance de Paris, je n'en ai pas vu la moindre
trace. Que de contes semblables on nous a faits !

J'approchais de Jouy-en-Josas, il pleuvait à torrents
et je dus me réfugier dans une des premières maisons du
village. En même temps que moi entrait un homme dont
les vêtements en désordre étaient couverts de boue. On
allume un grand feu, et il se fait sécher. Voici ce qui lui
était arrivé :

« Je venais, dit-il, de quitter le village de Toussus,
je me trouvais seul sur la route, et les bois de Versailles
commençaient à se développer devant moi ; de temps en
temps j'entendais des coups de fusil. Quelques instants
après, la fusillade devient plus vive, et je distingue, s'étendant sur ma droite et sur ma gauche à une assez grande
distance, une ligne d'hommes armés ; bientôt il en sort
d'autres du bois : c'étaient les Prussiens qui chassaient.

« Leurs lignes, se rapprochant, formèrent trois quarts du
cercle dont j'occupais à peu près le centre ; il me sembla
que c'était une chasse au bois et en plaine. Les lièvres
effrayés couraient dans toutes les directions, et il en passait souvent sur la route devant moi. Ils étaient cernés
et c'est en vain qu'ils cherchaient à fuir : c'était l'art de
la guerre appliqué à la chasse.

« J'admirais intérieurement ce mouvement tournant,
cette tactique si familière aux Prussiens, mais je compris
bientôt que j'allais gêner les chasseurs ; je sais qu'on

n'aime pas, quand on s'apprête à tirer un lièvre, voir un homme au bout de son fusil.

« Mes craintes n'étaient pas fondées, je ne m'en aperçus que trop vite. Les chasseurs se rapprochaient ; un lièvre vient rouler à une trentaine de pas de moi, un autre plus près ; je reconnus alors que je ne gênais nullement ces messieurs ; ils tiraient comme si je n'avais pas été là, et de temps à autre je voyais le canon d'un fusil braqué sur moi, quand un lièvre s'avisait de venir de.mon côté.

« J'étais enveloppé de toutes parts ; je ne pouvais ni avancer ni reculer sans risque. Je prends mon parti, je me replie derrière un arbre (c'est le terme consacré maintenant quand on se sauve) ; quelques instants après, un lièvre passe à deux pas de moi, un des chasseurs le tire et le blesse ; j'entends siffler le plomb. Le lièvre veut traverser, un autre chasseur de la ligne opposée le tire et le tue, en même temps le plomb fait jaillir la boue jusqu'à mes pieds. Ces sauvages auraient mieux aimé me tuer que de manquer un lièvre : un Français de plus ou de moins, que leur importe !

« Je n'avais pas de temps à perdre, j'essaye de franchir les lignes, je montre le poing d'un air menaçant ; mais je recule : vingt canons de fusil étaient tournés de mon côté. Je n'avais plus qu'une chance de salut : je disparais couché dans le fossé de la route.

« Je ne restai que quelques instants dans cette position ; les lignes s'étaient réunies, puis dispersées dans la plaine. J'entendis quelques éclats de rire, j'étais furieux ;

c'était un grief à ajouter à ceux que j'avais déjà contre les Prussiens.

« Quand je me relevai, j'étais dans l'état que vous voyez : le fossé était rempli d'eau et de boue, je n'avais pas eu le temps de choisir la place ; je retrouvai, enfoncée dans la vase, ma canne, que j'avais abandonnée précipitamment. »

Je ne connaissais pas encore bien le sans gêne des Prussiens à notre égard, et j'avais quelque peine à ajouter foi à ce récit ; mais depuis, lorsque j'ai été mieux renseigné sur leur conduite, je n'eus plus aucun doute. Ils ont fait d'autres plaisanteries dont le dénouement a été plus tragique.

La pluie avait cessé de tomber, je me mis en route et j'arrivai bientôt dans la plaine de Vélizy à Châtillon, que je m'étais proposé de visiter. Je l'avais traversée la veille, mais sans m'y arrêter ; du reste, elle n'offre rien de particulier et l'on aurait peine à reconnaître un champ de bataille. Il est facile de voir que l'action n'a pas été chaudement disputée, et si ce n'était les ruines de la ferme de Trivaux, qui a été incendiée, et les trous faits par les boulets et les obus dans les maisons du Petit-Bicêtre, on hésiterait à croire que c'est en cet endroit que s'est décidé le sort de Paris : car il est certain que l'investissement eût été impraticable si nous avions pu conserver cette position. Les Prussiens en connaissaient toute l'importance. Après avoir franchi la Seine au sud de Paris pour s'emparer de Versailles, s'ils avaient été battus, ils auraient été obligés de se retirer derrière le fleuve, et nous aurions pu conserver nos communications avec les départements de l'Ouest, et Paris n'aurait pas été vaincu par la famine.

De loin en loin, on aperçoit des endroits où la terre a été remuée depuis peu de temps : c'est là que les morts ont été enterrés ; ils sont peu nombreux, surtout dans la partie qui se rapproche de Villacoublay ; il y en a davantage du côté de Châtillon.

Quoique le combat n'ait pas été meurtrier, nos soldats ne se sont pas si mal conduits qu'on a bien voulu le dire, et l'on a été généralement mal renseigné sur ce que l'on est convenu d'appeler la honteuse déroute de Châtillon. Au début (je tiens ces détails de témoins oculaires), nos troupes ont été pleines d'ardeur, et lorsque les zouaves sortirent du bois chassant les Prussiens devant eux, ceux-ci ne durent leur salut qu'à leur artillerie qui garnissait les hauteurs du Petit-Bicêtre. Elle ouvrit un feu des plus violents, que les meilleurs soldats n'auraient pu soutenir, sur nos jeunes troupes, qui furent forcées de battre en retraite. Il est possible que des zouaves et des soldats se soient mal comportés, il est certain que le désordre fut grand dans quelques compagnies jusqu'aux portes des fortifications ; mais ce fut l'exception, et la fuite des Prussiens, au commencement de l'action, avait été non moins précipitée.

La nuit venait, je quittai le champ de bataille. J'approchais de Vélizy, lorsque j'aperçus non loin de la route plusieurs soldats autour d'une croix. Un cantonnier que j'interrogeai me dit : « C'est là qu'on a enterré un des Bavarois qui… vous savez », et il n'achevait pas, croyant que j'étais au courant. Nous avions quelquefois entendu dire que les Bavarois, lassés d'être toujours au premier rang et de se faire tuer pour les Prussiens, avaient refusé de marcher. Ce fait, que rien n'était venu confirmer, était exact, car voici ce que le cantonnier me raconta : « Les chefs prussiens, prévenus, comme toujours, qu'une sortie de l'armée de Paris devait avoir lieu, voulurent envoyer les Bavarois soutenir le premier choc. La plupart refusèrent de marcher ; alors on fit venir des environs plusieurs escadrons de cavalerie prussienne qui, à coups de plat de sabre, forcèrent ces malheureux à l'obéissance. Plusieurs furent violemment frappés, et quelques jours après l'un d'eux mourait des suites des coups qu'il avait reçus. »

C'était celui dont je voyais la tombe. Ses camarades l'avaient enterré là, et ils ornaient la croix de couronnes et plantaient du buis avant leur départ.

Je me dirigeai vers eux, voulant leur adresser une parole de sympathie, mais ils ne savaient que quelques mots de français. Cependant ils comprirent mon intention, car l'un d'eux, en me montrant le ciel, me dit : « Camarade plus Prusse ! » voulant me faire entendre qu'il valait mieux mourir qu'être Prussien.

Il paraît que des faits semblables et de plus graves

encore se seraient passés à Palaiseau à la même époque.

J'appris aussi que les ennemis connaissaient souvent deux jours d'avance la sortie que nous préparions ; ils avaient une grande frayeur ; quelquefois ils refusaient de marcher, et les officiers étaient obligés de les frapper pour se faire obéir.

Tout ce que j'avais vu depuis deux jours, tout ce que m'avaient appris les habitants restés dans le pays, m'impressionnait tristement. Il me semblait que l'énergie et le patriotisme déployés par la population de Paris pendant cinq longs mois auraient pu nous faire éviter la honte d'une capitulation, auprès de laquelle celle de Sedan n'est rien ; il me semblait que le Gouvernement de la Défense nationale aurait pu tirer un meilleur parti des forces dont il disposait, et qu'avec un bon commandement il aurait été possible, sinon de débloquer Paris, du moins de fatiguer l'ennemi par des attaques plus souvent renouvelées, le décourager, l'immobiliser, retenir autour de nous la plus grande partie de ses forces, et aider ainsi puissamment nos armées de province, qui n'auraient pas été écrasées par les masses allemandes.

J'étais arrivé près de Versailles ; des personnes que je rencontrai me prévinrent que l'on n'y entrait pas sans difficulté, surtout les habitants de Paris. Il faut dire que les Prussiens n'ont aucune règle fixe à cet égard, tout dépend de leur bon plaisir ; la plupart du temps ils laissent entrer ou sortir, mais quelquefois il n'en est pas de même, et quand je me présentai à la porte de l'avenue de Paris, on me barra le passage ; je dus me résigner et aller coucher à Buc. Le lendemain matin, on me laissa passer facilement par la porte de la rue des Chantiers.

TROISIÈME JOUR

Versailles.

Les habitants de Versailles n'ont pas été trop maltraités ; cependant ils ont souffert de mille manières différentes : d'abord, de la présence continuelle de l'ennemi,
qui, malgré des formes assez réservées, n'est que trop
souvent exigeant et brutal. Il faut le loger, quelquefois
le nourrir en partie, et presque toujours le servir. Dans
les commencements, des réquisitions fréquentes et considérables (environ trois millions imposés à une population de trente-cinq mille âmes) ; le maire, les adjoints,
les membres du conseil municipal, emprisonnés ou gardés
à vue ; des membres du parquet traînés sans motifs dans
les cachots de l'Allemagne, des perquisitions répétées
chez les particuliers, l'ouverture et la fermeture des portes de la ville et des établissements publics fixées suivant le caprice de l'ennemi ; à chaque sortie de l'armée

de Paris, des vexations et des brutalités, enfin mille ennuis quotidiens.

Aussi les Prussiens sont-ils profondément détestés.

Une personne qui a l'honneur désagréable de loger un général me racontait que, le jour de son arrivée, ce personnage, trouvant qu'on ne lui apportait pas son bois assez vite, voulait se chauffer avec le piano et les fauteuils. Ce général est remarquablement sale ; il a importé d'Allemagne une collection variée d'animaux microscopiques, que les habitants de la maison n'ont pas pu éviter et que l'on aura beaucoup de peine à détruire.

Après la bataille de Châtillon, dont j'ai parlé plus haut, deux corps d'armée s'étaient dirigés sur Versailles, avec un convoi considérable d'artillerie et de bagages. La peur gagna les habitants ; cependant les maisons ne furent pas toutes envahies ; les troupes s'installèrent en partie dans les casernes, les édifices publics, et aussi sur les places et les avenues, en plein air et sur des bottes de paille ; un ordre relatif fut maintenu, et l'on n'eut à regretter ce jour-là que quelques actes de pillage. Peu de temps après, ces troupes étaient casernées dans les villages voisins, à Sèvres, Saint-Germain, etc., et il ne resta plus à Versailles qu'une garnison ordinaire de sept à huit mille hommes.

On a fait courir sur la conduite de l'ennemi à l'égard des femmes des bruits qui heureusement ont été exagérés. Les officiers et les soldats sont généralement réservés vis-à-vis d'elles, à Versailles comme ailleurs : cela tient à leur tempérament, qui est plutôt porté vers la bonne chère et la boisson. Il est probable que la conduite des soldats français en pays conquis aurait donné lieu à des critiques mieux fondées. Du reste, il faut bien l'avouer, Versailles, en même temps qu'il était occupé par l'ennemi, était envahi par des centaines de femmes venues d'Allemagne et de Paris ; elles y sont encore maintenant, et leurs toilettes éclatantes les font facilement reconnaître. On prétend que de hauts personnages de la cour n'ont pas hésité à les utiliser pour l'espionnage, en même temps que pour les petits détails de la vie privée.

On remarque dans les rues et sur les places un grand mouvement résultant de la présence des troupes et du commerce qui se fait à leur suite, cependant l'aspect de la ville est des plus tristes. Les femmer sont presque toutes vêtues de noir, et les hommes évitent tout contact avec l'ennemi. Dans les rues, les cafés, les lieux publics, il est rare de rencontrer un Français s'entretenant avec un Alllemand.

Dès que la nuit arrive, les hôtels, les magasins et boutiques sont fermés ; à neuf heures tout le monde paraît couché et l'on n'entend plus aucun bruit.

C'est à Versailles que se trouvent en ce moment les plus belles troupes de l'Allemagne. Un corps d'armée vient d'y arriver ; il est seulement de passage et l'on ignore quelle est sa destination. La cavalerie paraît solide, mais lourde. Les chevaux sont vigoureux et bien soignés ; mais ce qui m'a étonné, et j'ai souvent eu occasion de le voir depuis, c'est la difficulté que beaucoup de cavaliers éprouvent pour monter à cheval. Ils s'y prennent à plusieurs reprises, et pour se mettre en selle ils sont obligés fréquemment de se hisser sur une borne, un tas de pierres, un tas de fumier. Je dois reconnaître cependant qu'ils se tiennent solidement. Les cuirassiers blancs, que l'on disait anéantis, sont pleins de vie ; ils forment un corps d'élite remarquable ; on m'a fait voir parmi eux un fils de Bismarck. Les hussards bleus ne leur paraissent pas inférieurs.

Quant à l'infanterie, elle ne peut pas soutenir la comparaison avec l'infanterie française ; si nos gardes mobiles étaient bien habillés et exercés, ils seraient incomparablement supérieurs aux machines automatiques allemandes. Les compagnies de marche de Paris, nouvellement formées, ont plus d'entrain, de vivacité et d'élan ; enfin, je préfère, comme tournure et comme marche, la garde nationale de Paris à la landwehr !

Je résume ma pensée en disant qu'un soldat français, pris individuellement, s'il ne vaut pas dix soldats allemands, comme on avait la sotte habitude de le croire avant nos défaites, en vaut plus d'un.

Dans les rues, sur les avenues, dans les cafés, partout, on ne rencontre que des soldats fumant leur grosse pipe en porcelaine. Il m'a semblé qu'ils ne doivent pas s'amuser plus que les habitants. Leurs bottes, leurs culottes de peau, leurs casques en cuir et toute leur personne, chaudement couverte, laissent dans l'air une odeur à laquelle la population ne paraît pas encore habituée.

J'ai entendu plusieurs fois la musique militaire prussienne ; on dit qu'elle est supérieure à la nôtre.

De tous côtés, sur les murs, on aperçoit des affiches en allemand, avec la traduction en français en regard ; la plupart contiennent des arrêtés de police, des règlements, menaçant les habitants de la prison ou de l'amende pour des contraventions insignifiantes.

Dans les établissements publics, on trouve *le Moniteur officiel du Gouvernement du Nord de la France et de la Préfecture de Seine-et-Oise,* journal quotidien, politique, paraissant tous les jours, le lundi excepté.

Cette feuille, dont M. de Bismarck s'est réservé la direction, paraît avoir été créée uniquement pour exalter la Prusse aux dépens de la France. On y vante continuellement la modération, l'humanité, la générosité des vainqueurs ; mais on nous traite comme des criminels parce que nous nous défendons. Nous aurions dû de suite poser les armes, abandonner à la Prusse l'Alsace et la Lorraine, lui payer sept ou huit milliards, etc., etc , et faire ensuite un traité d'alliance et de commerce avec nos spoliateurs.

J'ai lu un grand nombre d'articles de ce genre, qui ont été publiés pendant le siége de Paris. C'est ridicule et odieux.

Dans cette même feuille, M. de Bismarck, sans doute pour atténuer la mauvaise impression que ne peuvent manquer de produire sur les nations civilisées la conduite indigne de la plupart des officiers et soldats, essaye de les excuser. Il prétend que la guerre a des nécessités, qu'elles sont, il est vrai, cruelles, que leurs conséquences sont souvent terribles, qu'il les déplore plus que tout autre, qu'il admet que des soldats, des officiers même, ont pu donner lieu à de justes plaintes, mais que c'est l'exception, et que l'armée allemande s'est toujours dignement conduite.

Le langage de M. de Bismarck est absolument faux ; les faits parlent trop haut, ils sont encore trop récents, pour que l'on puisse y ajouter la moindre foi. Du reste, un grand nombre d'officiers et de soldats allemands veulent bien le reconnaître, mais ils cherchent inutilement à s'excuser en alléguant qu'ils usent de représailles.

Outre *le Moniteur*, paraît une fois par semaine le *Recueil administratif des actes officiels*. Toutes les communes sont obligées de le recevoir et, bien entendu, de le payer : c'est un impôt de plus que la Prusse prélève.

M. de Bismarck éprouva de grandes difficultés, de la part des habitants de Versailles, pour l'impression et la vente de son journal. Il ne trouvait ni imprimeur ni éditeur ; mais la prison était là, et l'on dut céder à la force. Dans cette circonstance et dans beaucoup d'autres, la population de Versailles fit preuve d'un véritable patriotisme.

Après avoir rendu à l'attitude des habitants cet hommage mérité, pourquoi faut-il ajouter qu'il y a eu de regrettables et de nombreuses exceptions! Des commerçants n'ont pas craint, en vue de bénéfices qui ont été souvent considérables, de faire un trafic coupable avec l'ennemi, et de lui procurer des approvisionnements qu'ils faisaient venir de tous les points de la France, envahis ou non.

On devra, dès que la guerre sera terminée, demander qu'une enquête sérieuse soit faite dans toute la France sur ces honteuses transactions. Le Code pénal a prévu ces faits, qu'il qualifie de crimes. La loi devra être énergiquement appliquée ; car il est bon que tout le monde sache bien qu'on ne doit rien faire, directement ni indirectement, qui puisse aider l'ennemi. Un exemple est nécessaire : il importe, quand la lutte recommencera, que des faits de ce genre ne se reproduisent plus.

Pendant la durée de la guerre, il s'est fait à Versailles, et maintenant encore il se fait, un commerce considérable, dû à la présence des troupes et du quartier général. Des brocanteurs, des juifs, venus de divers côtés, et surtout de l'Allemagne, se livrent à des opérations de tout genre. Les produits du pillage et du vol sont l'objet d'une spéculation active ; ces marchands achètent tout à vil prix ; souvent ils donnent en échange leurs mauvais cigares, maduro, colorado, oscuro, regalia, etc., etc., en un mot tous ces produits indigènes que l'on aurait dû réserver pour faire de la choucroute, et que l'on trouve maintenant dans le moindre village. La plupart de ces cigares ont une belle apparence, on les confondrait facilement avec les cigares français de vingt-cinq centimes ; mais en les fumant on reconnaît bien vite la différence : très-souvent, l'enveloppe, qui se compose d'une large feuille, ne recouvre que des rognures et des débris moisis qui, arrivant dans la bouche en même temps que la fumée, peuvent déterminer des accidents. Dans le nombre il s'en trouve cependant quelquefois qui sont passables. La quantité de cigares et de tabac à fumer introduite en France par les Allemands est considérable, et, par suite, nous devons nous attendre à une forte diminution dans les recettes de l'impôt sur les tabacs.

C'est par les soins de ces mêmes marchands que les meubles volés sont expédiés en Allemagne; c'est à eux que les officiers et les soldats s'adressent pour faire parvenir dans leur pays les objets pillés qu'ils veulent conserver.

Depuis la signature de l'armistice, il est venu de Paris un grand nombre de concurrents, en sorte que les bénéfices tendent à diminuer.

Ce n'est pas sans de grandes difficultés qu'un habitant de Paris peut rester quelques jours à Versailles : il est l'objet d'une surveillance spéciale, et toutes les fois qu'il s'en présente pour loger quelque part, le propriétaire est tenu d'en faire la déclaration à la préfecture, à peine d'amende.

Pour expliquer ces mesures rigoureuses, on dit que Guillaume et Bismarck, dont la conscience n'est pas toujours tranquille, croient voir un conspirateur dans chaque habitant de Paris qui arrive à Versailles.

Malgré cela, confiants sans doute dans la vigilance de leur police, ils sortent comme auparavant, et j'ai rencontré l'empereur sur la route de Saint-Cloud, près de Ville-d'Avray; il était dans une voiture à quatre chevaux, n'ayant que deux cavaliers pour escorte. L'hôtel de la Préfecture, qu'habite sa majesté, ne paraît pas mieux gardé.

Après avoir visité Versailles, et vu de loin le château et le parc, dans lesquels il est défendu de pénétrer, je me rendis à quelques-unes des portes de la ville, pour examiner les ouvrages de défense que les Prussiens avaient élevés, disait-on, et dont on vantait la force. Je ne trouvai absolument rien; j'interrogeai plusieurs personnes, on ne savait pas ce que je voulais dire. Il est vrai que les bois, les vallées profondes, les nombreux villages, qui se trouvent entre Paris et Versailles, présentent des obstacles naturels que les Prussiens avaient habilement utilisés pour se mettre à l'abri d'une attaque. Cependant ils n'avaient pas une grande confiance dans ces travaux de défense, car la panique s'emparait d'eux quand l'armée de Paris faisait une sortie de ce côté. Lors de l'affaire de la Malmaison, ils se préparèrent à fuir de Versailles, en entendant le bruit du canon se rapprocher; depuis encore, tout fut disposé pour leur départ; plusieurs fois les fourgons qui accompagnaient l'armée, les voitures réquisitionnées à la hâte dans Versailles et les villages voisins, s'apprêtaient à partir, emportant les malles, les bagages, et jusqu'aux approvisionnements.

Ces faits m'ont été affirmés par un grand nombre d'habitants de Versailles, et par plusieurs cultivateurs des environs que l'on avait requis à la hâte.

Le Gouvernement de la défense nationale n'en avait donc pas connaissance?

Je rentrai dans l'intérieur de la ville. J'étais sur la place d'armes et j'examinais des canons prussiens de différents modèles, lorsque je fus abordé par un de mes voisins de campagne. Sa propriété, qui est aux environs de Versailles, avait été visitée par l'ennemi dès les premiers jours de l'invasion. Des chevaux, du bétail, des grains, des fourrages, que l'on n'avait pas cachés assez promptement, avaient été pris. Plus tard ce qui restait avait été réquisitionné; un reçu, délivré par l'officier commandant, constatait le fait, et pour le remboursement de la valeur des objets livrés, il suffisait de représenter cette pièce à l'intendance allemande.

Cependant M. X., mon voisin, n'avait pu arriver à se faire payer, malgré plusieurs démarches auprès de l'intendant militaire. Il était toujours mal reçu et constamment éconduit sous divers prétextes. Le jour de notre rencontre, il se disposait à faire une nouvelle tentative. Il me propose de l'accompagner, et je me rends avec lui rue Berthier.

Dans une grande pièce d'une propreté douteuse,

était assis, devant un bureau, un grave personnage. C'était l'intendant militaire prussien ou l'officier qui en remplissait les fonctions. Il écrivait ; derrière lui se tenaient debout plusieurs personnes venues pour la même cause que nous.

On ne voyait aucun meuble dans la chambre ; un seul objet attirait le regard. C'était une petite barrique, pouvant contenir cinquante litres. Elle était en bois de chêne cerclée, en cuivre, et posée près du bureau, sur un support assez élevé.

Je désirais vivement connaître la destination de ce singulier meuble ; j'interrogeai à voix basse M. X., qui se contenta de me répondre ces trois mots : « Vous allez voir ! » En effet, quelques minutes plus tard, après avoir expédié deux ou trois affaires, l'intendant prit sur son bureau un verre, que je n'avais pas remarqué, le remplit au petit tonneau sans se déranger, en but une partie et le replaça devant lui. Le liquide était jaune : je crus naïvement d'abord que c'était de la bière ; mais je fus bientôt détrompé, car à l'odeur qui se répandit dans la chambre je reconnus que c'était de l'eau-de-vie.

Cinq minutes après, le verre était vide.

Je restai là une demi-heure environ, pendant ce temps l'intendant vida un autre verre, sans interrompre son travail.

Le tour de M. X. tardant à venir, j'étais sorti ; je me promenais dans la rue en l'attendant. Tout à coup j'entends un grand bruit, des cris, des imprécations, des ju-

rements en français et en allemand, une porte ouverte,
puis fermée avec fracas, et dans l'escalier des pas pré-
cipités.

C'était mon voisin qui, à la suite d'une explication
assez vive avec l'intendant devenu ivre, avait été maltraité par lui, saisi par les épaules et jeté à la porte en
même temps qu'il recevait un violent coup de pied.....

Je dois ajouter que M. X., s'étant plaint au général,
on fit droit à sa réclamation.

Peu de temps après, nous rencontrions l'intendant
sur l'avenue de Paris; il était à cheval, et les mouvements de son corps qui se balançait tantôt à droite, tantôt à gauche, en avant ou en arrière, ne pouvaient me
laisser aucun doute sur la nature du liquide dont il avait
si copieusement usé. En apercevant M. X., il devint furieux et lui cria d'une voix avinée en agitant son sabre :
𝔉𝔬𝔯𝔱 ℭ𝔥𝔢𝔪𝔦𝔫𝔢 ! Mon voisin ne se le fit pas répéter.

Je n'ignorais pas que les Allemands, de même que les
peuples du Nord, passent pour aimer au delà des bornes
l'eau-de-vie et les autres boissons alcooliques, et que la
plupart en font un usage immodéré; la scène à laquelle
je venais d'assister et ce que je remarquai par la suite
ne firent que confirmer ce que je savais déjà. Il n'est pas
rare de rencontrer des Allemands ivres au point de ne
plus pouvoir se tenir debout, et cependant, ce n'est pas
ans peine qu'ils arrivent à se mettre dans cet état,
car les quantités qu'ils peuvent absorber impunément
sont relativement considérables; mais, du moins, ils ne

sont pas difficiles sur la qualité, tout leur est bon, et les soldats, je ne parle pas des officiers, ne paraissent pas faire de différence entre l'eau-de-vie de betterave ou de pomme de terre et le meilleur cognac. Aussi, les produits des distilleries des environs de Paris trouvent-ils auprès d'eux un écoulement facile.

Les officiers n'aiment pas moins que les soldats le vin et les liqueurs ; ils en usent aussi sans ménagement, et, quoi qu'on en dise, il y a parmi eux autant de buveurs de bière et d'absinthe que parmi les Français ; cependant il paraît que cette passion ne leur fait pas négliger leurs devoirs. On les dit plus instruits que nos officiers ; je n'en suis pas étonné : ceux-ci, après avoir quitté l'école, croient que leur instruction est terminée ; ils mènent dans les garnisons une vie inoccupée et monotone, ne cherchant pas à acquérir de nouvelles connaissances, et oubliant la plupart du temps ce qu'ils ont appris.

Les officiers prussiens, au contraire, considèrent l'école seulement comme une préparation à des travaux profonds et sérieux : ils étudient toutes les armes, et il n'est pas rare d'en rencontrer qui connaissent à fond tout ce qui concerne l'infanterie, la cavalerie et l'artillerie.

Nous avons de nouvelles règles à suivre dans cette voie, de nouvelles institutions à créer ; il faut que les officiers d'élite, ceux qui ont la volonté de s'instruire et de parvenir aux grades élevés, trouvent dans ces institutions toutes les facilités nécessaires pour arriver, jeunes encore, aux grades supérieurs.

Là est en partie notre salut.

C'est à l'hôtel des Réservoirs que les généraux et les officiers de l'état major prennent leurs repas; tout le monde sait qu'ils ont un appétit peu ordinaire. S'ils parlent peu, ils ne négligent pas de remplir et de vider fréquemment leurs verres; ils changent volontiers de vin: le blanc et le rouge paraissent leur être également agréables. Leur conversation (je tiens ces détails d'une personne qui les entend souvent) est toujours la même. Ils ne parlent que de leurs succès : les Prussiens sont des héros, les Français sont des ignorants et des lâches. Ils déclarent hautement, et à Paris on semble l'ignorer, qu'ils conserveront l'Alsace et une partie de la Lorraine, que nous payerons une indemnité de guerre considérable, et que l'armée allemande entrera dans Paris... .

— Je m'interromps, j'aperçois par ma fenêtre une cinquantaine de uhlans qui viennent droit ici; au milieu d'eux est un cuirassier blanc : que me veulent-ils?

C'est une fausse alerte, les ulhans se trompaient de chemin; ils se dirigent vers le village voisin, et j'entends qu'ils demandent à un laboureur où demeure le bourgmestre : décidément nous sommes en pleine Allemagne.

Un petit cheval, qui trotte à côté d'eux, entre dans le pré et va boire à la fontaine: ils l'ont sans doute vo'é dans une ferme voisine! Ils offrent de le vendre au laboureur pour trois thalers; l'honnête homme refuse : il ne veut pas être le complice de ces pillards.

En les voyant, j'avais pris les précautions ordinaires : j'avais mis dans ma poche mon porte-monnaie qui était sur la table : il ne faut pas tenter ces gens-là. J'avais serré ce que j'écris : je ne tiens pas à ce que l'empereur-roi le lise pendant qu'il est à Versailles, car il pourrait se passer la fantaisie de m'envoyer étudier sur place les mœurs de son peuple.

Je reviens à Versailles. Il faisait nuit, les rues étaient désertes ; je passai devant le château, transformé en ambulance. On voyait fréquemment des ombres devant les fenêtres faiblement éclairées : c'étaient nos sœurs de charité qui soignaient les blessés allemands. Elles sont nuit et jour sur pied ; plusieurs sont mortes de fatigue et de maladie ; celles qui restent sont traitées par les Prussiens comme des servantes.

Tout était silencieux ; on rencontrait de temps en temps des patrouilles, et quelquefois un soldat ivre frappant à coups redoublés à la porte d'un cabaret. Je sonnai inutilement à la porte de cinq ou six hôtels sans pouvoir trouver une chambre, et je me disposais mélancoliquement à passer la nuit dans la rue, avec la perspective d'être conduit au poste par une patrouille prussienne, quand un garçon boulanger qui travaille la nuit, voyant mon embarras, mit obligeamment sa chambre à ma disposition.

Je me couchai, bien décidé à ne pas faire un long séjour dans le chef-lieu du gouvernement général du nord de la France.

QUATRIÈME JOUR

*Ville-d'Avray. — Sèvres. — Saint-Cloud. —
Montretout.
Bougival. — Le Pecq. — Saint-Germain.*

Je n'avais plus rien à voir à Versailles, et le lendemain
matin je me dirigeai vers Saint-Germain en passant par
Ville-d'Avray. Je voulais visiter en même temps Saint-
Cloud, Montretout et les environs.

Ville-d'Avray a beaucoup souffert; à l'intérieur des
habitations les ravages sont considérables; de plus, des
obus et des boulets lancés du Mont-Valérien arrivaient
jusque-là et même au delà; il en est tombé plusieurs qui
donnaient à réfléchir au roi de Prusse; des arbres ont été
atteints aux portes de Versailles, dans l'avenue de Pi-
cardie, c'est-à-dire à une distance de plus de huit mille
mètres du fort.

Dans la principale rue de Ville-d'Avray il existait
avant l'invasion un café de belle apparence; aujourd'hui

on a peine à en retrouver les restes ; les chaises, les meubles, ont été enlevés, la vaisselle a été brisée, les billards
ont été brûlés, à l'exception d'un seul sur lequel les
soldats étalent et coupent la viande ; les cloisons des
salles et des chambres ont été démolies et l'établissement
a été transformé en écurie.

Les trois quarts des maisons sont dans le même état ;
plusieurs, dans lesquelles les Prussiens étaient tombés malades, ont été brûlées sous le prétexte qu'elles étaient
empestées.

Un grand nombre d'habitants inoffensifs ont été emprisonnés.

A la sortie de Ville-d'Avray, en se dirigeant vers Saint-
Cloud, on voit à gauche, dans le bois, des tombes et des
croix : c'est un petit cimetière dans lequel ont été enterrés une trentaine de morts. Sur chaque tombe en marbre
blanc avec lettres dorées, et sur chaque croix de bois
peinte en noir, on voit la date du 19 janvier 1871 (bataille de Montretout), et des inscriptions en langue allemande. Une seule croix en bois blanc porte cette courte
inscription : 19 janvier 1871. *Un Français*. Tout le monde
pensera avec moi que notre premier soin, après la paix,
devra être de transporter dans un cimetière français les
restes de notre compatriote, qui se trouve seul là, comme
sur une terre étrangère.

Sèvres a été dévasté, pillé et rançonné ; la manufacture
de porcelaine ne paraît pas avoir souffert extérieurement ;
les vases et les objets d'art ont été en partie préservés ;

quelques-uns, dit-on, auraient été envoyés à la reine Augusta. Il paraît aussi que le Musée de Versailles n'aurait pas été pillé ; on aurait seulement enlevé plusieurs vases de prix.

J'arrive à Saint-Cloud, dont je traverse à la hâte les ruines encore fumantes C'est lugubre. Le clocher blanc se dresse seul au milieu des décombres et des pans de murs à moitié détruits ; il ne reste presque plus rien ; un grand nombre de maisons ont été atteintes par nos boulets, les autres ont été incendiées par les Prussiens. Je ne sais quelle rage les a poussés à mettre à plusieurs reprises le feu dans cette malheureuse ville. On évalue à près de six cents le nombre des maisons qui ont été détruites en totalité ou en partie ; il en reste à peine cinquante qui n'ont pas souffert. Plusieurs jours après l'armistice, l'hôtel de la Tête noire et les maisons voisines étaient incendiés, l'atelier du sculpteur Dantan était pillé et brûlé.

On ne voit de toutes parts que des poutres, des parquets, des débris enflammés, des monceaux de ruines au milieu desquelles de rares habitants cherchent dans les décombres les objets qui ont échappé aux Prussiens et au feu. Souvent, les incendiaires éloignent ces malheureux en poussant des éclats de rire.

C'est un spectacle lamentable ; je me hate de le fuir, mais je devais voir des choses plus tristes encore ! Je venais de m'éloigner de l'église, je suivais une rue dont les maisons n'avaient pas toutes été détruites. Devant une des habitations encore debout se tenaient plusieurs personnes paraissant en proie à la colère et à la douleur. Je m'approche ; la porte de la maison était ouverte, et je vois étendu sur le sol un homme baigné dans son sang et couvert de blessures ; il respirait encore, trois ou quatre personnes lui prodiguaient des soins, et des soldats prussiens étaient là, regardant cette scène d'un air menaçant.

Cet homme venait d'arriver de Paris, où il s'était réfugié pendant le siége. En rentrant chez lui, il avait trouvé sa maison occupée par les Prussiens, qui avaient détruit ou brûlé ses meubles ; il restait encore quelques objets qu'ils se disposaient à mettre au feu. Ce malheureux voulut faire des observations, mais elles ne furent pas écoutées et il fut violemment repoussé ; désespéré, il se jeta sur ses agresseurs. Il était seul, sans armes ; ils étaient dix ; les lâches tirèrent leurs sabres et l'étendirent à leurs pieds

Bien des scènes semblables ont eu lieu aux environs de Paris, et l'on a remarqué que ces hommes sans cœur joignent la lâcheté à la cruauté. Deux ou trois Prussiens n'auraient pas le courage d'attaquer un Français seul et sans armes ; ils sont ordinairement cinq ou six, et souvent en plus grand nombre.

Du reste, on n'ignore pas que les crimes et les délits qui supposent de préférence des instincts grossiers et lâches, une nature hypocrite et basse, sont bien plus communs en Prusse qu'en France. Les statistiques criminelles établissent que le brigandage, les vols, les incendies, les faux, les meurtres, sont très-fréquents chez les Allemands ; c'est ce qui explique les odieux excès auxquels ils se sont livrés pendant la guerre, excès qui feront à jamais la honte de leur nation.

Tous les bois situés entre Versailles et la Seine ont été abattus de distance en distance, pour faciliter le tir de l'ennemi caché derrière les arbres. Des espaces vides de quelques centaines de mètres de largeur ont été habilement ménagés, les arbres ont été coupés au-dessus du sol, et laissés sur place ou traînés dans les chemins, pour rendre le passage impraticable à la cavalerie et créer des obstacles à l'infanterie. En plusieurs endroits, les routes sont coupées par des tranchées, obstruées par des troncs d'arbres et des barricades ; aussi l'accès de Versailles présentait-il de réelles difficultés. Cependant, avec de l'énergie, et en mettant en ligne un grand nombre de troupes solides, il me semble qu'il n'aurait pas été impossible de s'en emparer. Avec des tirailleurs résolus qui auraient tourné les positions les moins difficiles, Versailles, qu'aucun ouvrage ne défendait, aurait pu être enlevé. On se rend compte facilement de l'importance d'un pareil succès, de l'effet moral qu'il aurait produit en France, et du désarroi des troupes ennemies fatiguées de la longueur du siége et décimées par les maladies.

On ne manquera pas d'objecter que les Prussiens avaient sur nous un grand avantage, protégés qu'ils étaient par les bois, et soutenus par leur artillerie qui dominait les routes. Cela est incontestable ; mais leur première ligne franchie, nos troupes se seraient trouvées également couvertes par les bois ; de plus elles attaquaient et pouvaient se porter soit en masse, soit dispersées en tirailleurs, sur plusieurs points à la fois, rompre ou tourner l'ennemi dont les lignes étaient nécessairement très-faibles en raison de la grande étendue qu'ils avaient à garder. Et cela est si vrai que toutes les fois que nos troupes ont fait des sorties elles ont surmonté sans difficulté les premiers obstacles ; les Prussiens ne pouvaient pas conserver leurs positions. Malheureusement, soit par suite d'impéritie dans le commandement, soit que les généraux aient jugé que la prise de Versailles ne pouvait avoir aucune influence sur l'issue de la lutte, et que le résultat n'aurait pas été en rapport avec le sacrifice à faire, soit pour toute autre cause. on ne profitait jamais de ce premier avantage ; on laissait aux renforts le temps d'arriver ; l'ennemi se portait en masse sur les points menacés, et nous étions obligés de reculer.

C'est ce qui est arrivé à la Malmaison, à Montretout, Buzenval, etc.; et cependant il fallait à l'ennemi huit à dix heures pour concentrer une force de cinquante mille hommes sur un point donné, et la réunion de cent mille hommes n'aurait pas demandé moins de deux jours. Pendant ce temps. Paris n'aurait plus été investi, et vingt mille hommes déterminés auraient franchi les lignes dégarnies sur un point opposé.

A Montretout on distingue encore parfaitement la trace

du passage de nos troupes à travers les champs, les vignes et les plantations de groseillers ; les pas sont restés profondément empreints dans la boue ; on voit que l'élan a été grand, tous les obstacles ont été résolûment franchis ; cependant l'endroit pour l'attaque était des plus mal choisis, et le voisinage du Mont-Valérien peut seul rendre explicable cette tentative dont le résultat a été si déplorable. La position, naturellement forte, avait été rendue plus redoutable encore par les travaux de l'ennemi. Malgré ces difficultés, le succès aurait couronné les efforts des soldats si l'on n'avait pas commis les fautes que tout le monde connaît.

A Bougival les Prussiens avaient pris de grandes précautions : les murs des jardins et des maisons sont crénelés ; on ne voit que barricades et tranchées à la Jonchère et dans la plaine. Toutes les maisons ont été pillées, tout a été dévasté. Là, comme dans beaucoup d'autres endroits, des habitants ont été fusillés parce qu'on les avait soupçonnés d'avoir tiré sur des soldats prussiens.

Au Pecq, le pont de la route est détruit ; on n'aperçoit plus que les arches au milieu de l'eau.

Pendant le trajet, je vois continuellement des soldats ; je rencontre aussi un grand nombre de voitures prises chez les cultivateurs, des trains d'équipages allemands, de l'artillerie, des ponts de bateaux démontés et, dois-je le dire, de longues files de fourgons de trains français, sur lesquels les noms de corps d'armée et de divisions sont encore inscrits.

Saint-Germain est toujours occupé par un grand nombre de troupes. Tout s'est passé là à peu près comme à Versailles. Les Prussiens y sont détestés, les habitants ayant eu vivement à se plaindre de leur rigueur et de leur brutalité.

Pour ne pas entrer dans des détails qui seraient sans intérêt, je ne citerai qu'un seul fait pour donner une idée de la cruauté stupide des envahisseurs. Un de mes amis possédait une trentaine d'oiseaux rares auxquels il tenait beaucoup, et, lors de son départ, il avait recommandé d'en avoir le plus grand soin. Sa maison fut occupée par plusieurs officiers, un chirurgien et un aumônier. Ces messieurs, pour passer leur temps, n'ont trouvé rien de mieux à faire que de s'essayer au pistolet sur les oiseaux ; il les ont tous tués.

Le propriétaire aurait voulu se venger, mais, prisonnier de guerre, il est obligé de remettre à d'autres temps la leçon qu'il se propose de donner aux coupables ; en attendant, il leur a adressé une lettre dont ils garderont le souvenir.

A Saint-Germain et dans toutes les localitées que j'avais visitées précédemment, comme dans celles que j'ai vues depuis, on trouve en circulation un grand nombre de monnaies allemandes. On a remarqué que les soldats ont beaucoup d'argent ; un grand nombre d'entre eux sont de la landwehr, ils sont établis et ont souvent de la fortune ; d'autres se sont enrichis par le pillage et le vol. Ils payent leur dépense le plus souvent avec de la mon-

naie allemande. Il est probable que l'argent français, qui
est d'un titre supérieur, est expédié en Allemagne Si
cela est, nous sommes exposés à une perte au change
qui peut être considérable. Dans tous les cas, on fera
bien de ne pas laisser ces pièces étrangères dans la circulation, et d'autoriser les détenteurs à les verser dans les
caisses de l'État, qui les donnera en payement sur l'indemnité que les Prussiens vont réclamer.

Il y aurait un curieux travail à faire sur ces monnaies :
leurs variétés sont nombreuses ; le poids, le métal, l'al-
liage, la couleur, la date, présentent les plus grandes
différences ; les types varient à l'infini, et je ne veux pas en
déterminer le chiffre, même approximativement, dans la
crainte d'être taxé d'exagération. On sait que tous les sou-
verains allemands, grands ou petits, et ils sont au nombre
de trente au moins, battent monnaie ; de plus il y a les
monnaies nouvelles et les anciennes ; et l'on comprend
facilement combien la confusion doit être grande. Parmi
ces pièces il en est beaucoup qui ne portent plus la trace
d'une lettre ; sur d'autres, en cuivre, la couche d'argent
qui les recouvrait a complétement disparu, en sorte
qu'il est impossible de leur assigner une valeur quelconque, réelle ou nominale. Les soldats allemands eux-mêmes
l'ignorent, et le plus souvent on est obligé d'appliquer
une valeur conventionnelle, qui peut différer essentielle-
ment de la valeur primitive.

Parmi ces pièces, celles que l'on rencontre le plus souvent sont :

Douze centimes et demi, reçus pour dix centimes (Silbergroschen).

Vingt quatre centimes (6 Kreutzer).

Trente centimes (1/2 Reichsthaler).

Soixante-deux centimes et demi, reçus pour soixante centimes. (1/6 de Thaler.)

Un franc vingt-cinq centimes (1/3 de Thale.).

Deux francs dix centimes (1 Gulden florin.)

Trois francs soixante-quinze centimes.

Sept francs cinquante centimes.

Ces deux dernières pièces sont désignées, la première sous le nom de thaler, et la deuxième sous le nom de double thaler; c'est ce qu'il y a de moins mauvais dans ces monnaies étrangères. Elles ne valent, en réalité, la première que trois francs soixante-dix centimes, et la seconde que sept francs trente centimes.

En outre, les Allemands ont répandu à profusion dans toutes les contrées envahies du papier-monnaie. Rien n'est plus malpropre et plus crasseux que ces chiffons de toutes grandeurs et de toutes nuances, de la valeur de un thaler et au-dessus.

J'engage vivement les personnes qui en ont à s'en débarrasser au plus tôt; je les engage aussi à se défier de tous les produits allemands ; qu'elles se gardent de se laisser séduire par l'apparence trompeuse du bon marché. Dans tous les cas, la France ne doit pas avoir besoin de l'Allemagne, c'est une fierté bien placée que de repousser tout ce qui nous vient de ce pays, hommes et choses.

Avant de quitter Saint-Germain, j'ai voulu visiter la Terrasse ; elle sert de promenade et de champ de courses aux officiers et aux soldats ; on n'y aperçoit pas de Français. Les officiers vont souvent chasser dans la forêt ; ils ont détruit une grande quantité de gibier.

J'avais quitté la Terrasse, je m'étais avancé dans le bois ; j'étais seul dans un endroit écarté, la nuit allait venir, et je me disposais à rentrer, lorsque la détonation d'une arme à feu, suivie d'un cri plaintif, se fait entendre non loin de moi. Quelques instants après, une autre détonation suivie d'un profond silence. Vivement impressionné, je m'élance dans la direction du bruit, et je vois à travers les arbres un homme s'éloignant précipitamment. Bientôt j'aperçois un chien sans vie, ayant au cou une corde attachée à un arbre. Je hâte le pas, et quelques minutes après je rejoignais la personne qui marchait devant moi. Je n'eus pas de peine à savoir ce qui venait de se passer. Le chien qui était là avait toutes les qualités que l'on peut trouver dans les animaux de son espèce ; son attachement, son obéissance à M. D., son maître, étaient peu ordinaires, aussi ce ne fut pas sans un vif regret que celui-ci s'en sépara lorsqu'il prit le parti de quitter Paris, à l'approche de l'ennemi. Pendant le siége, M. D. n'oubliait pas son chien, et après la signature de l'armistice il se faisait une joie de le retrouver. Le jour de sa rentrée à Saint-Germain, qui venait d'avoir lieu dans la matinée, sa maison était encore occupée par les Prussiens ; le chien était resté

avec eux, s'était attaché à un officier, et avait complète-
ment oublié son maître, qu'il ne voulait pas reconnaître.
Il restait insensible à ses caresses, ne répondait plus à
son appel, mais son obéissance à l'officier prussien était
complète. Furieux, M. D. avait attaché son chien, l'avait
entraîné dans la forêt, lié à un arbre, et tué de deux
coups de revolver.

Je rentrai à Saint-Germain. En jetant un dernier regard
du côté de Paris, j'admirais la magnifique vue qui s'éten-
dait devant moi ; mais il y avait une ombre au tableau :
sur toutes les routes, sur tous les chemins, on apercevait des soldats prussiens.

CINQUIÈME JOUR

De Saint-Germain à Chevreuse.

Je me proposais de visiter une partie de la contrée qui
s'étend de Saint-Germain à Rambouillet. Je traversai
Marly, Bailly, Saint-Cyr ; je laissai Versailles à gauche
et me rendis sur le plateau de Satory : je croyais y trouver le camp retranché dont il avait été souvent question.
Il n'y a rien, si ce n'est un mur de clôture ordinaire.
C'était un conte à ajouter à tant d'autres !

Je traversais le bois de Satory, lorsque j'entendis marcher derrière moi ; en même temps un homme criait :
« Buc, Buc ? » En me retournant j'aperçus un soldat ; il
était sans armes, il avait une canne à la main et res-
semblait à un paisible promeneur. Il me demandait le
chemin de Buc. Je lui fis signe qu'il n'avait qu'à
continuer en avant. Je croyais en être débarrassé, il
n'en était rien. Comme nous suivions la même route, il
vint se placer familièrement à côté de moi ; il connaissait

un peu le français, ayant habité Paris pendant quelques mois ; il était banquier dans une ville du Hanovre. La guerre et la Prusse lui étaient également odieuses ; nous nous comprenions bien, et nous étions d'accord pour reconnaître que la guerre recommencerait un jour et que les Hanovriens auraient une excellente occasion pour s'affranchir de la Prusse.

Nous étions arrivés à la porte du bois de Satory ; là se trouvait un capitaine que le Hanovrien connaissait, car ils se saluèrent ; ils échangèrent quelques mots en allemand, puis l'officier me regarda en me faisant un signe de tête affirmatif. Il était de la Saxe, il était riche avant la guerre et possédait une importante brasserie, qui en temps ordinaire occupait cent cinquante ouvriers. Obligé de quitter ses affaires, il avait fait des pertes considérables, et attendait avec impatience la signature de la paix pour retourner dans son pays.

Comme le Hanovrien, il maudissait la Prusse ; ce dernier lui avait traduit notre conversation, et l'officier me faisait entendre par ses gestes que nous avions tous les trois la même pensée.

Nous arrivons à Buc, devant le château des Ombrages, occupé par le prince royal. Des soldats qui étaient là aperçoivent le Hanovrien et viennent avec empressement à sa rencontre.

Je continuai seul ma route. Depuis Saint-Germain je n'avais rien vu de nouveau ; c'était toujours la même dévastation, j'entendais partout les mêmes plaintes contre l'ennemi. L'impression que j'avais ressentie dans les premiers jours devenait moins pénible, tant il est vrai que l'on s'habitue à tout ; mais elle devait bientôt revivre.

Je marchais depuis quelque temps dans la direction de Chevreuse, quand j'aperçois assis sur l'herbe un homme qui avait l'air souffrant et fatigué ; il avait le bras en écharpe. Je m'approchai de lui, et voici ce que j'appris :

« Il y a un mois, des Prussiens étaient à Saint-Arnoult, près Rambouillet, logés chez les habitants ; là, comme ailleurs, ils ont réquisitionné, pillé et dévasté. A leurs actes ordinaires de brigandage ils ont joint l'odieux. Soupçonnant des femmes d'avoir caché de l'argent ou des valeurs dans leurs vêtements, ils leur arrachèrent brutalement leurs habillements, les maltraitèrent et leur prirent une somme d'environ six mille francs, après leur avoir fait subir les derniers outrages. A la suite de cet acte de sauvagerie, une de ces pauvres femmes devint folle de terreur : elle s'imagine sans cesse voir des Prussiens autour d'elle ; elle cherche à mordre toutes les personnes qui l'approchent, et l'on a été obligé de lui mettre une camisole de force. Il y a trois jours elle avait cruellement mordu son mari au bras. »

C'est lui qui était devant moi, et qui me racontait en pleurant cette lugubre histoire. Il venait de Versailles, où il avait cherché inutilement une place pour sa malheureuse femme, dans une maison de santé. Son cheval et sa voiture lui avaient été pris ; obligé de faire une longue route à pied, il était fatigué et se reposait sur le bord du chemin.

Je m'éloignai indigné. Bientôt après je passais devant Port-Royal, et je ne pouvais m'empêcher de faire une comparaison entre le passé quelquefois si glorieux et l'abaissement du présent. Je pensais aux destinées si diverses de la patrie ; j'aurais voulu savoir si elle avait été déjà aussi durement éprouvée ; j'interrogeais l'histoire et il me semblait que jamais la France n'avait été plus complétement brisée. Mais en même temps je me rappelais avec quelle merveilleuse facilité elle avait su se relever de désastres qui paraissaient irréparables. Je songeais à son inépuisable fécondité, à l'immensité de ses ressources, qui ne sont que paralysées, et j'avais foi dans l'avenir.

Je passai à Saint-Lambert et Milon-la-Chapelle, et j'arrivai à Chevreuse dans la soirée, en longeant les murs de la Madeleine. Cette ancienne forteresse qui avait supporté dix siéges, dont les portes ne s'étaient jamais ouvertes devant l'ennemi, loge aujourd'hui des Prussiens !

Dans cette partie du département on rencontre souvent des hameaux et des maisons isolées. Ordinairement les Prussiens, toujours défiants, évitent autant que possible d'y séjourner ; ils préfèrent être en nombre dans un seul endroit. Il en résulte, en outre, pour les chefs, la facilité de transmettre plus promptement leurs ordres. Aussi ces maisons n'ont-elles pas à souffrir continuellement de la présence de l'ennemi, et, sous ce rapport, elles sont favorisées ; mais elles sont exposées à un autre danger, au pillage, et un grand nombre d'habitants ont été complétement dépouillés. C'est ainsi qu'après avoir quitté Port-Royal je fus témoin d'une scène digne de sauvages. J'entendais de grands cris ; sur la lisière d'un bois, dans la cour d'une maison isolée, une vieille femme, la tête nue, les cheveux en désordre, tenait dans ses bras, le serrant avec force, un pain que deux misérables essayaient de lui arracher ; elle appelait à son secours. Près de là étaient cinq ou six Prussiens qui riaient ; ils étaient chargés de morceaux de viande, de poulets, de lapins, qu'ils venaient de voler. J'essayai d'intervenir, mais inutilement. Je fus brutalement repoussé, et la pauvre femme fut obligée de leur abandonner son dernier pain.

Chevreuse ne paraît pas avoir souffert ; les habitants ont été soumis aux corvées et aux réquisitions ordinaires, et il est étonnant qu'ils n'aient pas été plus durement traités, car ils ont donné de grandes preuves de charité et de patriotisme en secourant les prisonniers français de passage dans leur ville, et en protégeant la fuite de plusieurs centaines de ces infortunés.

Malheureusement, si ce que l'on m'a affirmé est exact, des femmes mariées et des jeunes filles auraient été trop familières dans leurs rapports avec les officiers et les soldats prussiens.

J'abandonnai le projet que j'avais formé d'aller à

Rambouillet : à Chevreuse on m'avait donné les renseignements que je pouvais désirer sur cette ville et ses environs. Tout ce que j'avais vu, et tout ce qui m'avait été dit, confirmait la remarque que j'avais déjà faite, que plus on s'éloigne de Paris, moins grandes ont été les souffrances ; et cela s'explique, puisque les troupes ennemies sont restées presque continuellement dans un rayon rapproché de Paris. Les localités plus éloignées n'ont eu pour la plupart que des troupes de passage ; mais elles ont eu à souffrir des réquisitions de toute nature, et trop souvent du pillage et du vol ; il en est bien peu qui aient été complétement épargnées, et presque toujours la position des habitants des campagnes est intolérable. Contraints de loger l'ennemi, le mari, la femme, les enfants, sont obligés de rester dans la même chambre que lui, souvent la seule de la maison ; heureux quand ils peuvent conserver un matelas pour se coucher. Pendant que le mari se rend à son travail, la femme, souvent la jeune fille, se trouve seule en compagnie de soldats presque toujours brutaux et grossiers. Dans un hameau près de Chevreuse, j'ai vu, étendu tout habillé sur l'unique lit de la maison, ses bottes éperonnées aux pieds, un de ces hommes, complétement ivre, exigeant encore du vin et de l'eau-de-vie, et cependant sur le lit, dans la chambre, partout, on voyait des traces de son ivresse. J'en ai vu d'autres qui pour faire leur cuisine prenaient la vaisselle de ces pauvres gens et la brisaient pour s'amuser après s'en être servis. J'ai vu souvent de malheureuses femmes luttant avec ces brutes pour leur arracher des matelas, des couvertures et souvent les habits et les lits des enfants.

Tous ces tableaux m'ont attristé, mais je dois dire ma satisfaction, ma joie, quand j'ai vu avec quelle fierté résignée, avec quelle indignation contenue, tous, hommes, femmes et enfants, supportaient ces redoutables épreuves. Autant l'ennemi, lorsqu'il vole, est lâche, bas et vil, autant leurs victimes, les femmes surtout, montrent de dédain et de dignité patriotique.

Je passai la soirée avec deux officiers de l'armée de la Loire, qui avaient été faits prisonniers et s'étaient échappés. Ils avaient assisté à plusieurs combats; ils me dirent, et j'en avais déjà entendu parler, que les Prussiens n'avaient pas l'habitude de tenir; ils évitaient les rencontres corps à corps. Mais ce qui démoralisait nos soldats, c'est la grêle de boulets et d'obus qui venaient de tous les points et de si loin qu'ils ne pouvaient ni les prévoir ni les éviter; ils se croyaient trahis et la panique s'emparait d'eux Notre artillerie, lorsqu'il y en avait, était presque toujours en retard, et de plus la portée de nos canons était de beaucoup inférieure. Grâce à la supériorité de son artillerie, l'ennemi tenait toujours nos troupes à distance, et l'attaque à la baïonnette, qui faisait autrefois notre force, devenait impossible.

Quant à l'organisation, elle était des plus défectueuses. L'armée, composée d'anciens militaires rappelés malgré eux sous les drapeaux après sept ans de service, de gardes mobiles non exercés, de soldats des dépôts, de jeunes recrues arrachées aux travaux de la campagne, présentait les éléments les plus disparates. L'armement, l'habillement, les approvisionnements, tout laissait à désirer, surtout au début ; mais ce qui constituait le plus grand danger, c'était le défaut d'instruction de la plupart des officiers de la garde mobile. Militaires improvisés, ils n'avaient aucune notion théorique. Le courage ne leur manquait pas, ils auraient sans doute fait d'excellents soldats : comme chefs ils ne pouvaient inspirer aucune confiance, et lorsque la déroute arrivait, ils n'avaient aucune autorité pour rallier leurs hommes ; la confusion devenait générale et tous fuyaient à la fois. Aussi les Prussiens, disciplinés, obéissants et confiants dans leurs chefs, soutenus par leur artillerie, forts de leurs précédents succès, marchaient-ils sûrement à leur but. L'explication de nos désastres est facile : nous n'avions plus d'armée.

Quand toute la nation sera sous les armes, quand chaque citoyen aura été exercé, les rôles changeront, nous pourrons écraser la Prusse ; mais, plus généreux qu'elle, nous en aurons peut-être pitié !

Après dîner, je me promenais avec les deux officiers français sur la route de Dampierre. Un homme s'avançait précipitamment de notre côté, il avait la tête et les pieds nus ; il venait d'être victime d'une lâche agression. Rencontré dans le bois par trois Prussiens : « Franctireur, vos armes ! » lui crient-ils, puis, malgré ses dénégations, il est brutalement saisi, fouillé et volé : sa montre, sa casquette, ses souliers, lui sont enlevés, et c'est dans cet état qu'il est obligé de revenir à Chevreuse. Un grand nombre de personnes ont été victimes de ce nouveau genre d'escroquerie, qui fait le plus grand honneur à la savante fécondité des Allemands.

Lorsque je rentrai pour me coucher, on apercevait sur la hauteur de grands feux : on aurait dit un immense incendie. En même temps, on entendait dans la vallée le bruit des clairons et des trompettes : c'étaient les Prussiens qui fêtaient la nouvelle de leur prochain départ.

SIXIÈME JOUR

Gif. — Orsay. — Palaiseau. — Lonjumeau.

En quittant Chevreuse, je suivis la vallée dans la direction de Lonjumeau, et je visitai successivement Saint-Rémy, Courcelles, Gif, Bures, Orsay, Lozère, Palaiseau et Champlan.

Dans ces villages, dont plusieurs ont eu beaucoup à se plaindre de l'ennemi, j'ai recueilli des détails curieux sur son séjour.

Le château de Gif, qui avait été disposé pour une ambulance, n'ayant reçu ni malades ni blessés, fut occupé par les Prussiens, qui ne se contentèrent pas d'emporter une grande quantité d'objets, d'en briser un certain nombre, d'enlever le velours des fauteuils pour se faire des pantoufles, le crin des matelas, les plumes des lits ; souvent il leur arrivait, quand ils étaient suffisamment ivres, de mettre les robes de la maîtresse de la maison, ses chapeaux, ses châles, ses dentelles, et de se promener ainsi affublés dans les rues en fumant leur pipe ; ils étaient suivis de leurs chiens qui portaient, passés au cou, les chapelets du curé. Ils avaient pénétré dans l'église, s'étaient emparés des chapes, chasubles, etc., s'en étaient revêtus, et parcouraient le village dans cet accoutrement en poussant de grossiers éclats de rire.

Dans les maisons occupées en même temps par les habitants et par eux, les appartements leur servaient souvent de lieux d'aisances ; ils préparaient leurs aliments, mangeaient et couchaient au milieu de leurs ordures ! Et ces gens-là se disent civilisés ! Il est souvent question des Huns et des Vandales ; les détails nous manquent, mais il est permis de croire que ces barbares étaient moins sales et moins stupides que la plupart des Prussiens.

Je dois dire, pour être impartial, qu'il s'est trouvé des exceptions ; il y en a parmi eux qui ont été convenables, et dont on n'a pas eu à se plaindre ; mais, je le répète, ceux-là étaient en minorité. La conduite dépendait souvent de la nationalité, du degré d'instruction et de la fortune de l'individu. Il y aurait à faire sur ce sujet une étude intéressante dont j'ai les éléments, mais elle m'entraînerait trop loin.

Je dois ajouter que les habitants s'attendaient, lors de l'arrivée de l'ennemi, à être plus maltraités encore. Ils s'imaginaient que les soldats allaient violer les femmes, tuer les enfants et mettre tout à feu et à sang ; on se racontait de vieilles histoires de l'invasion de 1815, on se rappelait avec terreur les alliés, et l'on savait presque gré à l'ennemi de ce qu'il se contentait de piller et de détruire. C'est ainsi que beaucoup de gens passaient d'une terreur extrême à une confiance qui ne fut que de bien courte durée! Plusieurs habitants furent forcés de marcher à la suite de l'armée avec leurs chevaux et leurs voitures ; ils étaient mal nourris et souvent battus. Le garde champêtre, ancien gendarme, maltraité et blessé, fut obligé de s'enfuir pour se soustraire aux mauvais traitements. Il est encore malade des suites de sa blessure et obligé de garder le lit; sa santé est profondément ébranlée.

Dans une commune voisine, le maire, propriétaire d'une magnifique habitation, relégué dans une chambre, avait du moins la satisfaction de manger seul; mais, après quelques jours, il se vit contraint de manger avec les soldats et d'entendre leurs propos grossiers; ils chassaient dans son parc, dans ses bois, détruisaient le gibier, brisaient les clôtures, et il était obligé d'assister à ces vexations, sans avoir le droit de se plaindre. Son habitation avait été convertie en une véritable écurie, des meubles avaient été brisés et brûlés en sa présence, les arbres de son jardin arrachés, son jardinier avait été battu, les arbres de son parc avaient été coupés. J'ai vu deux habitants de cette commune qui avaient été grièvement blessés sans motifs, une femme qui avait été frappée et brutalement traînée par les cheveux.

L'énumération, même incomplète, des actes de dévastation inutile, de brigandage, de cruauté stupide et de lâcheté, commis par les envahisseurs, serait impossible. Les Cosaques, dont on raconte encore aujourd'hui les sinistres exploits, en ont certes beaucoup moins fait.

Cependant nos populations donnaient aux ennemis des exemples de charité et d'humanité dont ils auraient dû profiter. Ceux d'entre eux qui tombèrent malades dans les maisons habitées étaient traités et soignés aussi bien que s'ils avaient été Français. Quelques-uns ont été reconnaissants; après avoir quitté le pays, il leur est arrivé de venir remercier les personnes qui leur avaient donné des soins, mais ceux-là sont rares.

Quand un méfait avait été commis, si le coupable était un officier, il n'y avait rien à dire, il fallait tout supporter, dévorer ses larmes et son humiliation en silence. Lorsque les délinquants étaient de simples soldats, on pouvait se plaindre à leurs chefs, qui quelquefois les punissaient en leur faisant donner la schlague, vieux supplice que les nations civilisées ont répudié, et qui consiste à administrer au coupable un certain nombre de coups de bâton. Mais lorsque cela arrivait, le soldat puni et ses camarades se vengeaient en pillant la maison du plaignant ou en le battant après l'avoir entraîné dans un guet-à-pens, en sorte qu'il était préférable de souffrir sans se plaindre.

A Orsay, l'intérieur de la gare du chemin de fer a été saccagé; les habitants ont été particulièrement ran-

çonnés. Le maire, gardé à vue et menacé plusieurs fois
d'être emprisonné et fusillé, se trouvant dans l'impossi-
bilité de satisfaire au quart des exigences de l'ennemi,
a été obligé de s'enfuir. Il est tombé malade, et quand
il est rentré il y a quelque temps, sa maison était occupée par les Prussiens, qui l'ont fait asseoir à leur table
ou plutôt à la sienne; il est encore souffrant des suites
des brutalités dont il a été victime.

Au château de Lozère, les vases, les glaces, les flam-
beaux, les statues, ont été brisés à coups de crosse de fusil;
le jardinier, qui voulait faire des observations, était battu
et laissé à demi-mort sur la place.

Palaiseau n'a pas été mieux traité qu'Orsay. Le Maire
a été plusieurs fois menacé et séquestré. On avait fait courir le bruit qu'il avait été fusillé ; il n'en est rien, mais il
s'en fallut de peu ; le jour de mon passage, il était gardé
à vue dans sa maison, parce qu'il n'avait pas pu faire
payer dans le délai fixé une nouvelle contribution de
guerre.

Le même jour, il y avait grande fête à Palaiseau: les
officiers offraient un banquet à leurs camarades de quelques villages voisins : c'était sans doute pour célébrer le
triomphe de l'Allemagne. De grands préparatifs avaient
été faits; la salle, pavoisée de drapeaux, était ornée de
guirlandes de feuillages et de fleurs venant des serres
des châteaux des environs. Chaque Français employé
dans cette circonstance pour le service recevait cinq francs
pour la journée, était nourri et avait du vin à discrétion.

Il y avait du champagne, des liqueurs et des vins de toutes sortes, et, si les chiffres qu'on m'a donnés sont exacts, j'estime que chaque convive avait trois bouteilles de vin à boire : je suis sûr qu'il s'en est trouvé plus d'un qui n'en a pas eu assez.

J'ai déjà eu occasion de dire que depuis la signature de l'armistice, les Prussiens, tout en continuant leurs exactions au moyen de réquisitions exagérées, mais, à leur point de vue, régulières, sont devenus moins brutaux; ils sont même convenables vis-à-vis des gens qu'ils emploient, ils ne les traitent pas mal et les payent bien. Aussi n'est-il pas rare d'entendre quelques-unes de ces personnes vendues à l'ennemi dire que les Prussiens valent mieux que les Français.

Souvent les officiers ont invité des prêtres à leur table, et j'ai le chagrin de dire que plusieurs ont accepté, manquant ainsi à leur dignité et aux convenances.

Longjumeau et les environs ont eu pendant plusieurs mois un nombre considérable de troupes à loger; il en reste encore beaucoup actuellement. Les faits qui se sont passés ailleurs se sont produits ici, et il tarde aux malheureux habitants d'être débarrassés.

A Longjumeau se trouvait le quartier général d'un corps d'armée qui a pris part à la bataille de Champigny. En revenant du combat, généraux, officiers et soldats étaient consternés : leurs pertes avaient été énormes; beaucoup d'entre eux pleuraient, tous étaient découragés et démoralisés; ils ne voulaient plus continuer cette lutte. C'est ce qui explique comment le général Ducrot a pu opérer sa retraite sans être inquiété. Je tiens ces détails de personnes dignes de foi qui étaient présentes au retour des troupes, et aussi des employés de l'hôtel qui ont entendu les conversations des officiers.

Il m'a aussi été rapporté dans vingt endroits différents que les soldats redoutaient Paris; malgré leur discipline, leur obéissance passive, ils n'auraient jamais osé l'attaquer. Paris, dont ils ne voyaient que de loin les bastions, leur apparaissait plein de piéges et de dangers; ils savaient que, l'enceinte franchie, il resterait à enlever des barricades plus redoutables encore : aussi répétaient-ils sans cesse qu'ils trouveraient la mort devant Paris.

A Longjumeau, je fus témoin d'une scène révoltante. Des soldats faisaient l'exercice, commandés par un officier qui paraissait avoir à peine une vingtaines d'années. Au moment où je passais, ces soldats étaient immobiles, ils paraissaient subir une punition générale. Je ne sais quelle faute commit l'un d'eux, lorsque je vis tout à coup le commandant se jeter sur lui, l'accabler d'injures et le souffleter. Je pensais que le soldat si brutalement traité se serait plaint; il n'en fut rien, il subit cet outrage sans manifester la moindre émotion, et ses camarades ne parurent pas s'en apercevoir. Ils sont tellement habitués à cette discipline humiliante qu'elle leur paraît toute naturelle.

Aux environs de Longjumeau on voit un grand nombre de maisons dévastées, surtout celles qui sont isolées; les meubles qui n'ont pas pu être emportés ont été brisés ou brûlés, les glaces et les cheminées sont réduites en morceaux. En passant près d'une de ces maisons, je vis assis autour d'un grand feu allumé au milieu de la chambre cinq ou six de ces Allemands qui suivent l'armée. A côté d'eux étaient étendus à terre, pêle-mêle, un grand nombre d'objets pillés, d'origine et de destination diverses. Ces pillards procédaient tranquillement au partage du produit de leurs vols. Parmi les objets qui étaient là, je remarquai des montres, des pendules, et surtout des mouvements de pendules. On sait que les Allemands ont un goût prononcé pour l'horlogerie française. Les pièces les plus belles, celles qui leur plaisent, sont emballées avec soin et expédiées dans leur pays ; quant aux plus communes, celles qui sont trop lourdes et ne vaudraient pas le prix du transport, ils se contentent d'en enlever les mouvements pour les vendre aux brocanteurs, qui les cèdent eux-mêmes à d'habiles fabricants dont le métier consiste à les monter sur bois. Ainsi transformées, nos pendules sont livrées au commerce, et le jour n'est pas éloigné, sans doute, où ces produits français-allemands apparaîtront sur notre marché.

Un grand nombre d'habitants avaient quitté à la hâte leurs maisons pour se réfugier dans Paris à l'approche de l'ennemi, n'emportant que ce qui leur était indispensable ; ils avaient caché leurs objets les plus précieux, mais c'était peine inutile : les Prussiens procédèrent là comme ailleurs ; ils fouillèrent les maisons, les caves, les cours, les puits, les jardins, les bois, et rien ne put leur échapper. Du reste, ils ont l'habitude de ces opérations, car ils les ont souvent pratiqueés dans les endroits de la France qu'ils ont envahis, et surtout dans les environs de Paris. On assure qu'ils sont munis de sondes, de leviers, de pinces en fer et autres instruments propres à les aider dans ce genre de travail ; je n'ai pas été à même de vérifier le fait, mais de nombreux témoignages me font croire à sa réalité.

Dans ces contrées, comme dans beaucoup d'autres, les Allemands, lorsqu'ils voulaient piller, forçaient les habitants à les suivre avec leurs voitures, les obligeaient à emballer les objets volés et à les transporter à des distances souvent éloignées ; la plupart du temps mal nourris, ils étaient souvent menacés et frappés, et leurs chevaux mouraient de faim et d'épuisement.

Tous les sabres, les fusils, les pistolets, etc., devaient être remis aux Prussiens et déposés aux mairies. La plupart de ces armes furent brisées, quelques-unes furent rendues à leurs possesseurs, mais les fusils de chasse qui avaient quelque valeur n'ont jamais été restitués ; ils ont pris, comme tant d'autres choses, la route de l'Allemagne.

Dans un village près de Longjumeau, j'ai assisté sur la place à une vente publique de meubles volés ; à Château-fort j'avais déjà été témoin d'une semblable opération. Un Prussien monté sur une table procédait comme un officier ministériel ; la vente, qui avait été annoncée à son de caisse, se faisait à la criée, et souvent des objets de valeur étaient adjugés à vil prix ; on obtenait facilement une couverture, un matelas, un fauteuil pour un ou deux thalers, un cheval passable pour cinq ou six thalers. Je dois dire à la louange des habitants que les objets ainsi achetés étaient rendus par eux à leurs propriétaires dès qu'ils pouvaient les reconnaître.

Il y avait, ainsi que je l'ai dit, un grand nombre de soldats à Longjumeau ; il était impossible de trouver à se coucher ; et obligé d'aller à Massy, où j'arrivai très-tard, ce ne fut pas sans peine que je parvins à obtenir une chambre. C'est plus difficilement encore que je pus m'endormir, des Prussiens ivres qui occupaient une pièce à côté de la mienne frappaient sur les tables en vociférant et jetaient les verres et les bouteilles par les fenêtres.

SEPTIÈME JOUR

De Massy à Argenteuil.

Le lendemain je me réveillai de bonne heure au son
du fifre et du tambour: c'étaient les Allemands qui passaient dans la rue musique en tête; ils quittaient le pays
à la grande joie des habitants, car les souffrances, là
comme aux environs, avaient été intolérables. Il n'en restait plus qu'un petit nombre, et l'on espérait être bientôt
débarrassé pour toujours de la présence de l'ennemi.

J'étais seul dans la salle à manger, je déjeunais, lorsqu'arrivèrent une trentaine de lanciers, des uhlans, qui
étaient de passage. Une forte odeur de cuir se répandit
dans la chambre à leur entrée; je surmontai ma répu-
gnance et continuai mon repas. Les soldats demandèrent
du vin, de l'eau-de-vie, du café; ils se mirent à boire et
à fumer; les gros rires, les chants, éclataient; les uns

chantaient seuls, les autres ensemble. C'était un insupportable vacarme; j'en fis poliment l'observation à leur chef, qui comprit sans doute autre chose, car dès qu'il eût dit quelques mots en allemand à ses soldats, ils se mirent tous, lui avec eux, à chanter en chœur. C'était monotone; le refrain, qui revenait souvent, était dit avec ensemble. J'avais fini, et je m'en allai en même temps que cessait ce chant dont l'effet n'était pas ordinaire.

J'allais quitter Seine-et-Oise pour entrer dans le département de la Seine, je suivais un chemin de traverse dans une plaine; devant moi je voyais à une petite distance des soldats assis ou accroupis autour d'un grand brasier; au-dessus, une chose, que je ne pouvais pas distinguer, paraissait être l'objet de leurs soins. Comme je passais près d'eux, je pus voir ce que c'était. Devant le feu était suspendu un lièvre dépouillé dont la tête et les pattes avaient été coupées. De temps en temps, un des soldats imprimait à l'animal un petit mouvement d'oscillation et le retournait. Le rôti avait bonne apparence, il paraissait cuit, et, si je m'étais arrêté, j'aurais pu assister à la confection de la sauce et au repas.

La plaine dans laquelle je me trouvais, de même que plusieurs autres, et surtout celle de Saclay, près Bièvre, ont été le théâtre de chasses assez rares. Les officiers, lorsqu'ils se livrent à ce plaisir, ont des fusils; il n'en est pas de même des soldats, qui sont simplement armés de bâtons. Ils se réunissent en grand nombre, se placent de distance en distance en formant un cercle étendu. A un signal donné, toute la troupe se met en marche, se dirigeant vers le milieu du cercle en poussant des cris. Les lièvres surpris dans cet espace, enveloppés de tous côtés, s'enfuient en se rapprochant du centre. Le cercle se resserre peu à peu ; les malheureuses bêtes, ne trouvant plus d'issue nulle part, et ne pouvant plus s'échapper, sont assommées à coups de bâton.

C'est surtout en temps de neige que cette chasse est fructueuse, et des centaines de lièvres ont été tués de cette manière. Lorsque la chasse a été abondante, les soldats vendent une partie du gibier tué, et mangent le reste. L'animal est dépouillé et vidé ; on lui coupe la tête et les pattes, ensuite il est mis dans une marmite avec de l'eau, du sel, du lard, du mouton, quand il y en a, quelque fois du riz, des haricots ou des pommes de terre ; un habitant qui a eu le courage de goûter de cette cuisine me disait qu'il ne l'avait pas trouvée trop mauvaise.

Après avoir visité, dans le département de la Seine, Antony, L'Hay, Bourg-la-Reine et Bagneux, j'arrivai à Châtillon. La partie du village qui est près de la redoute a eté fortement endommagée par nos obus et nos boulets. De tous les endroits que j'ai vus jusqu'à ce jour, celui-là est le plus intéressant. Les Prussiens ont achévé les travaux que nous avions commencés, ils les ont solidement établis, et les casemates peuvent servir de modèle ; lorsqu'on les visite, il faut prendre de grandes précautions en marchant, car les Prussiens ne se contentaient pas d'y faire leur cuisine... Le reste des ouvrages ne mérite aucune

attention, et l'on est surpris qu'en quatre mois de temps,
les Allemands n'aient pu faire plus et mieux. Mais
la position est formidable, et en la voyant on comprend
de suite quelle est son importance. De là il est facile
de bombarder Paris : aussi s'explique-t-on difficilement
pourquoi on l'a négligée. On se demande de quelle utilité
peuvent être les forts de Montrouge, Vanves et Issy, do-
minés par les hauteurs de Chatillon, Meudon, Sèvres et
Saint-Cloud. Il y a trente ans, lorsque ces forts ont été
construits, on pouvait prévoir qu'ils ne pourraient pas ré-
sister à des canons à longue portée ; on n'ignorait pas que
la science de l'artillerie était loin d'avoir dit son dernier
mot. Il est donc indispensable d'établir un autre système
de défense, et, sans entrer dans les détails que ce sujet
comporte, il est facile de se rendre compte que si Choisy-
le-Roy, le Petit-Bicêtre, Versailles et Saint-Germain
avaient été reliés par une ligne d'ouvrages disposés sur
le plateau intermédiaire, toute l'armée de l'Allemagne
n'aurait pas suffi pour investir Paris, et la France était
sauvée. Dans le nouveau système de fortifications que
l'on devra mettre à l'étude dès que la paix sera signée,
il sera nécessaire de comprendre aussi la plaine de Gennevilliers, les hauteurs qui dominent Saint-Denis, et le
Pont-Iblon, au-dessus du Bourget.

A Chatillon, le sol est couvert de débris de toutes sortes, de boulets, d'éclats d'obus ; quelques personnes en
ramassaient et en remplissaient des sacs ; tout le plomb,
qui a plus de valeur que la fonte, avait déjà disparu. Je

voyais des obus entiers qui n'avaient pas éclaté. Chacun aurait voulu en emporter comme objet de curiosité, mais ils étaient si gros et si pesants qu'il fallait y renoncer.

Sur le terrain même de la redoute, on voit plusieurs croix indiquant des sépultures ; elles ont été faites avec si peu de soin que les corps sont à peine recouverts d'une mince couche de sable, et il n'est pas rare de voir un pied ou une main sortant de terre. Celles de la plaine de Châtillon, de Bièvre et de Ville-d'Avray sont plus convenables.

On devrait se préoccuper dès à présent de la question de salubrité et aviser au moyen d'assainir les champs de bataille. C'est surtout à Champigny et à Montmesly qu'il y a urgence. Dans ces endroits, un grand nombre de cadavres ne sont recouverts que de quelques centimètres de terre, et, si l'on ne remédie promptement à cet état de choses, Paris et les environs seraient menacés d'une épidémie contagieuse.

J'avais visité les endroits les plus intéressants situés au sud et à l'ouest de Paris, je me dirigeai du côté du nord, en traversant le département de la Seine, pour me rendre à Argenteuil. En passant je revis Saint-Cloud, que j'avais traversé trois jours auparavant ; il brûlait encore et la fumée s'élevait de toutes parts au milieu des décombres. De l'autre côté de la Seine, on aperçoit Boulogne, qui, plus favorisé, n'a pour ainsi dire pas souffert. Le pont paraît être un terrain neutre ; du côté gauche se trouvent des gendarmes et des gardes nationaux français ; de l'autre, des soldats Prussiens ; chacun observe une stricte neutralité ; on paraît s'entendre assez bien ; j'ai vu un uhlan offrir des cigares à un gendarme, qui les a acceptés. Il y a là un petit marché improvisé, où Français et Allemands se coudoient, sans qu'il paraisse en résulter aucun désordre.

Du côté de Saint-Cloud, les Prussiens ont placé contre le parapet un ours empaillé faisant face à Paris. Il est coiffé d'un chapeau à cornes, sur ses yeux sont posées des lunettes ; il est debout, une de ses pattes tient un journal, l'autre une faulx. Jusqu'à présent je n'ai pas pu avoir l'explication de cette grosse plaisanterie germanique, qui était la seconde édition de celle que j'avais vue quelques jours auparavant au pont de Sèvres.

Après avoir côtoyé le Mont-Valérien, au sommet duquel flotte le drapeau aux trois couleurs de la Confédération des États du Nord de l'Allemagne, j'arrivai sur les bords de la Seine. Les Prussiens s'y trouvent en grand nombre. Ils ont tout pillé depuis longtemps, et, n'ayant plus rien à faire, ils se promènent ; leurs distractions paraissent être peu variées, car j'en ai rencontré qui pour passer le temps s'amusaient à jeter des cailloux dans l'eau. De distance en distance on voit une guérite près de laquelle va et vient à pas comptés un lourd Allemand. Le plus souvent on rencontre les soldats par groupes. Quand ils s'adressent à un habitant, ils essayent de parler en français. On sait qu'il en est beaucoup parmi eux qui connaissent notre langue, et cette particularité paraît causer notre admiration; on en conclut que les Allemands sont beaucoup plus instruits que nous, qu'ils apprennent les langues étrangères plus facilement, etc. Sans vouloir contester ce qu'il peut y avoir de vrai dans cet ordre d'idées, on peut affirmer qu'il y a exagération. Il n'est pas étonnant que beaucoup d'Allemands parlent français, cette langue étant répandue dans plusieurs provinces situées en deçà et au delà du Rhin; de plus ceux qui ont habité Paris sont très-nombreux, et il leur a été facile de l'apprendre. Ceux qui sont entrés en France ne connaissant pas la langue en sortiront aussi ignorants qu'auparavant. Ils n'ont rien appris pendant leur séjour. Pour dire oui et non ils continuent à se servir de *ia* et *nichts*. Cependant il y a deux mots qu'ils ont sus vite : *vin* et *cognac* ; encore ne parviennent-ils pas à prononcer *vin*, ils disent *vigne*.

On sait que la plupart sont porteurs d'une petite note comprenant les mots les plus usuels, tels que monsieur, madame, pain, viande, vin, bière, eau-de-vie, café, etc., en allemand, avec le français en regard, et un certain nombre de phrases toutes faites qu'ils estropient avec une imperturbable facilité. On ne doit pas oublier qu'en Prusse l'instruction primaire est obligatoire ; lorsque cette mesure a été prise, elle était devenue absolument nécessaire, car on ne rencontrait dans le peuple que très-peu de personnes sachant lire et écrire ; aujourd'hui tous les habitants possèdent ces notions élémentaires ; mais, si l'on excepte les personnes riches, celles qui ont fait des études spéciales, leurs connaissances ne vont pas au delà. On paraît étonné de rencontrer souvent dans l'armée allemande de simples soldats très-instruits ; on oublie trop facilement qu'en Prusse le service militaire est obligatoire pour tous, et que, s'il en était ainsi en France, on trouverait également des militaires instruits dans tous les rangs de l'armée.

Pour la même cause, on voit surtout dans la landwehr des soldats ayant une grande fortune et souvent des professions libérales ; on trouve aussi fréquemment des négociants, des industriels, etc. Et, à ce propos, une personne des environs d'Argenteuil me racontait le fait suivant : « Il y a quelques jours, me disait-elle, en me promenant un matin dans mon jardin, j'aperçus dans un massif un soldat allemand ; il était baissé ; à côté de lui étaient plusieurs petits objets que je ne pouvais pas distinguer. Je supposai d'abord qu'il emportait quelque chose. A un mouvement que je fais il se retourne, m'aperçoit et s'avance furieux de mon côté, brandissant avec rage un objet que je pris d'abord pour un poignard ; il était seul, j'assujettis ma canne dans ma main et je l'attends de pied ferme. « Que f..... faites-vous là ? » me cria-t-il d'un air menaçant et en excellent français. Je ne lui cachai pas ce que je pensais ; il se mit à rire bruyamment ; je m'aperçus alors que l'objet que j'avais pris pour un poignard n'était autre chose qu'une scie à main. « Apprenez, me dit-il, que je suis assez riche pour ne pas avoir besoin de piller ; toutes les fois que je trouve quelque chose, je l'abandonne à mes camarades plus pauvres que moi. Connaissez-vous Olivier de Serres ? continua t-il ; avez-vous lu ses ouvrages ? -- Non, mais je sais qu'il s'est occupé d'agriculture. -- Vous êtes bien tous les mêmes, reprit-il, vous ne connaissez même pas les hommes les plus remarquables de votre pays : Olivier de Serres n'était pas seulement un agriculteur, c'était un grand écrivain, un philosophe distingué ; je vous engage à lire ses œuvres. Maintenant, si vous tenez à savoir ce que je fais ici, vous pouvez le voir. » Vivement intrigué, je m'avançai et me trouvai bientôt près de cinq ou six arbres nouvellement greffés. Les objets que je n'avais pas reconnus d'abord étaient des outils de jardinier qu'il avait trouvés dans ma serre.

Il me dit alors qu'il était pépiniériste à Berlin ; il attendait impatiemment la fin de la guerre pour reprendre ses occupations habituelles ; en ce moment, pour chasser l'ennui, il greffait. La conversation de ce singulier personnage était des plus variées ; il connaissait toute l'Europe ; il me vanta beaucoup les jardins paysagers de la Bavière, les potagers de la Belgique et de la Hollande, les vergers de l'Allemagne du Sud et les bosquets de Sans-Souci, créés par le roi Frédéric. Il paraît qu'en Prusse il existe de magnifiques jardins, malgré la rigueur du climat, et les serres de Berlin n'auraient rien à envier à celles de Saint-Pétersbourg. Avant la guerre, ce Prussien faisait avec la France un commerce considérable ; il avait fourni à la ville de Paris une grande quantité d'arbres verts ; il était en relations d'affaires suivies avec les pépiniéristes d'Angers, Orléans, etc., et se proposait de les continuer lorsque la paix serait faite. Il paraissait croire que les Français allaient tout oublier et tendre la main aux Prussiens. J'essayai de lui faire comprendre que cela n'était pas possible, que la France penserait toujours à l'Alsace et à la Lorraine, et que toutes relations entre Français et Allemands devaient être rompues jusqu'au jour de la réparation. Il manquait à cet homme, comme à la plupart de ses compatriotes, ce sens moral, ce sentiment de dignité qui n'existe que chez les peuples civilisés. Je ne confonds pas tous les Allemands avec les Prussiens ; je ne prétends même pas que ceux-ci se ressemblent tous, mais il est évident, pour toutes les personnes qui ont observé cette race, qu'elle a une ignorance complète des choses morales.

Lorsque j'arrivai, dans la soirée, à Argenteuil, on entendait des détonations dans la direction de Saint-Denis ; on disait que les Prussiens faisaient éclater les pièces de siége qui leur avaient été remises.

HUITIÈME JOUR

Argenteuil et les environs.

La contrée que je me proposais de visiter au nord et à l'est de Paris, quoique moins intéressante que le sud et l'ouest, offre cependant des endroits remarquables. Je devais voir les batteries d'Argenteuil, celles de la Butte-Pinson, Saint-Denis, le parc d'artillerie de Gonesse, les batteries du Pont-Iblon, le Bourget, le plateau d'Avron, Champigny, Créteil, Montmesly, et différents lieux moins connus qui avaient été occupés tour à tour par les Prussiens et les Français.

Dans la journée, je visitai Argenteuil et les environs. Partout la dévastation, partout des ruines. On avait fait sauter les ponts; l'ennemi s'était emparé des hauteurs, d'où il pouvait balayer avec son artillerie la plaine de Gennevilliers. On rencontre des maisons et des murs cré-

nelés, des barricades grossièrement faites avec des ga-
bions, des pavés, des tonneaux ; de tous côtés, à l'entrée
des chemins, aux carrefours, on voit des écriteaux en
langue allemande indiquant le chemin et les noms des
localités.

Les routes que nous avions coupées pour retarder le
passage des troupes et de l'artillerie ennemies ont été
réparées par les habitants, forcés de remettre en état ce
qu'ils avaient détruit quelques jours auparavant.

C'est surtout dans un rayon de vingt à trente kilo-
mètres autour de Paris, ainsi que je l'avais déjà remarqué, que l'ennemi a causé le plus de ravages. Argenteuil
et les villages voisins n'ont pas été plus épargnés que les
autres. Toute armée fait plus ou moins de mal dans les
pays où elle passe : c'est une des nécessités de la guerre ;
mais généralement on ne fait que ce qui est indispensable, et l'on ne dévaste pas uniquement pour dévaster.
Les Prussiens, cela est partout visible, ont agi autrement : ils ont brûlé et détruit sans raison ; aussi, si nous
ne devons pas leur en vouloir de nous avoir battus,
nous ne pouvons pas leur pardonner leurs procédés d'un
autre temps.

Les moyens variés que les Prussiens ont employés
pour piller et ruiner la France sont infinis, et il y aurait
une étude instructive à faire sur leurs différentes mé-
thodes. On peut dire qu'ils n'ont rien laissé au hasard ;
tout a été fait avec une régularité, une précision sans
exemple ; ils obéissaient à une loi qui n'a rien de com-

mun avec le droit des gens. Il serait trop long de faire connaître toutes leurs manières de procéder, je vais essayer de donner un aperçu des plus usuelles.

On sait que le droit de la guerre autorise une armée à vivre sur le pays qu'elle traverse ou qu'elle occupe ; on sait aussi qu'elle peut détruire les habitations, les travaux d'art, couper les routes, brûler les récoltes, les bois, toutes les fois qu'elle le juge nécessaire pour l'attaque ou la défense. De plus, il est admis que cette armée a le droit de s'emparer de tout ce qui appartient à l'État, de percevoir les impôts à son profit et, enfin, de frapper les villes et les communes de taxes et de réquisitions, soit en argent, soit en vivres, bois, fourrages, etc.

Les Prussiens ont usé de ces droits, rigoureux il est vrai, mais indiscutables, et ils en ont usé largement ; nos habitations, nos routes, nos ponts, nos chemins de fer, nos bois, conserveront longtemps les traces de leur pas-sage, et c'est à des centaines de milllions qu'il faut éva-luer les pertes qu'ils ont causées, la plupart du temps sans nécessité.

Les taxes et les réquisitions dont ils ont accablé les villes et les villages envahis étaient presque toujours hors de proportion avec les véritables ressources des ha-bitants ; ils percevaient en outre autant qu'ils le pou-vaient les impôts, mais ils se gardaient bien de les appliquer à leur destination.

Si les Prussiens s'étaient contentés d'exercer, même sans modération, ces droits du plus fort, nous aurions peu de chose à dire ; mais il en est d'autres qu'ils se sont attribués qui ne sont plus admis et dont ils ont usé sans mesure, je veux parler du pillage des propriétés particulières. Ils ont fait une distinction singulière, qui apparaît, je crois, pour la première fois dans l'histoire des guerres : ils ont posé en principe que toutes les propriétés, tous les objets abandonnés ou cachés par leurs possesseurs, tous ceux trouvés sur les chemins ou dans les champs sans maître apparent, leur appartenaient ; ils se les appropriaient ou détruisaient ceux qu'ils ne pouvaient pas emporter.

En revanche, ils ont paru respecter les propriétés et les objets non abandonnés ni cachés ; en sorte que les personnes qui n'ont pas quitté leurs maisons ou enfoui ce qu'elles voulaient soustraire à l'ennemi ont moins souffert que les autres. Cependant, il faut bien le dire, dans beaucoup de circonstances ce respect des propriétés était plus apparent que réel ; les gros meubles étaient assez souvent épargnés, mais le vin, les liqueurs, les objets d'art ou de prix, l'argenterie, les bijoux, subissaient le sort commun ; aussi était-il imprévoyant de laisser en évidence un objet de quelque valeur. Les Allemands ne se faisaient aucun scrupule de s'approprier le bétail, les volailles, les lapins, les fruits, le vin des habitants des campagnes, les montres, les bagues, les couverts d'argent, etc., que l'on avait l'imprudence de laisser à leur portée ; ils oubliaient rarement, ainsi que je l'ai déjà dit, d'enlever les mouvements des pendules ; aussi en est-il resté bien peu dans certaines parties du département de Seine-et-Oise, où cette singulière prédilection a été des plus marquées.

Sous prétexte de faire une perquisition, les Prussiens fouillaient partout, s'emparaient de tout ce qui leur convenait, décrochaient habilement une montre et la mettaient dans leur poche avec une dextérité que le plus fin pick-pocket aurait enviée.

A table, surtout dans les endroits où ils n'étaient que de passage, il fallait surveiller leurs mouvements, car il leur arrivait souvent d'emporter, sans doute comme souvenir de l'hospitalité forcée qu'ils recevaient, un ou deux couverts d'argent. On a vu qu'ils ne négligeaient pas de détrousser les voyageurs sous prétexte qu'ils étaient francs-tireurs.

La vérité m'oblige à dire que, parmi les officiers et même les simples soldats, il s'en est trouvé d'honnêtes, auxquels les procédés de leurs compatriotes répugnaient, et qui vont nous quitter les mains vides. Cependant, le plus grand nombre a tenu à emporter un souvenir de France ; des officiers se sont montrés des plus âpres ; il en est qui faisaient emballer publiquement les vins, les pianos, l'argenterie, les tableaux, les statues, et souvent les lits, les matelas, le linge, etc. L'exemple partait de haut ; M. de Bismarck a, dit-on, manifesté le désir d'emporter une magnifique pendule de l'appartement qu'il occupe à Versailles, rue de Provence ; on ajoute, il est vrai, qu'il offre de tenir compte de la valeur ; je me propose de vérifier l'exactitude de ce fait, qui me paraît improbable.

Il ne faut pas perdre de vue qu'outre un million de soldats environ qui ont envahi la France, il est venu à leur suite une population civile de cinq ou six cent mille individus qui ont tous pris part plus ou moins à la curée. En outre, derrière l'armée s'avançaient par milliers des marchands, des brocanteurs et des industriels de tout genre, venus avec la résolution bien arrêtée d'exploiter notre pays et de prendre leur part du butin. Ces individus, nomades et sans aveu, ont pillé et dévasté autant et volé plus que les soldats. Dans cette multitude, les uns s'avançaient isolément, les autres par groupes, mais avec ensemble et comme une nuée de sauterelles ; ils ne laissaient rien derrière eux.

Il serait sans intérêt de rechercher si l'habitant des villes, même assiégées, était plus à plaindre que celui des campagnes pendant la durée de la guerre. Tout le monde a été malheureux ; chacun, sans parler des pertes matérielles, a été durement éprouvé dans ses habitudes, ses affections, et surtout dans son patriotisme. Mais je crois que la souffrance de l'habitant de la campagne a eu des angoisses particulières. Celui que l'on est convenu d'appeler le paysan a été, quoique l'on en dise, profondément humilié des défaites de la France. Il ne peut pas comprendre que les cinq cent mille hommes armés qui étaient dans Paris n'aient pu avoir raison de deux cent mille Prussiens. De ce côté il a eu sa part d'amertumes, mais il en a éprouvé d'autres qui n'ont pas été moins vives.

Pour quiconque connaît l'esprit de prévoyance et d'économie du cultivateur, son attachement bien naturel à ses chevaux, son bétail, ses récoltes, qui lui ont coûté tant de soins, il est facile de comprendre combien cet homme a dû souffrir en voyant l'ennemi tout emporter ; on comprend aussi le désespoir de la femme à la vue de sa vaisselle brisée, de son linge et de ses draps déchirés et servant à envelopper les pieds et les jambes d'un soldat étranger. Si dans ces cruels moments les femmes n'avaient pas compris toute leur impuissance en présence d'un ennemi dix fois plus nombreux, plus d'un Prussien aurait chèrement payé ce droit de la force.

Je faisais ces réflexions en entendant les plaintes des habitants des campagnes. Depuis mon départ de Paris j'avais eu constamment sous les yeux le même spectacle attristant, j'avais besoin d'éloigner ces idées et de me reposer, et je me décidai à revenir à Paris pour y passer quelques jours. Je quittais le département de Seine-et-Oise, j'apercevais devant moi Saint-Denis, j'étais surpris de voir sa cathédrale encore debout ; je m'étais imaginé qu'après le bombardement furieux que nous avions entendu si distinctement de Paris, tout était détruit. Il n'en était rien heureusement. L'église, excepté du côté du nord, qui a été passablement endommagé, n'a presque pas souffert. Dans l'intérieur de la ville on voit les trous des boulets ; la partie nord a été plus éprouvée, plusieurs maisons ont été en partie démolies.

La population de la ville a presque doublé, car, outre

les Prussiens qui s'y trouvent, il reste encore un grand nombre d'habitants des communes voisines qui s'y étaient réfugiés avant le bombardement. Il s'y fait un commerce important : c'est là que beaucoup d'habitants de Paris viennent s'approvisionner. Les marchands de chevaux se fournissent souvent auprès des Prussiens : on vante beaucoup la bonne organisation de l'intendance allemande ; je ne la conteste pas, mais il n'en existe pas moins des détournements et des désordres graves. Ainsi des cavaliers ont pu vendre impunément leurs chevaux en usant d'un stratagème qu'un Français n'aurait pu inventer. Pendant plusieurs jours le cheval est privé de nourriture, on ne lui donne que ce qui est strictement indispensable pour qu'il ne meure pas de faim ; l'animal dépérit, le vétérinaire arrive et constate une affection quelconque. A la première occasion, le Prussien vend sa monture quelques thalers, et il en est quitte pour déclarer que le cheval est mort en route.

De Saint-Denis je me rendis au Bourget ; je croyais trouver ce village, dans lequel il s'est livré plusieurs combats, presque entièrement détruit ; cinq ou six maisons seulement sont démolies, plusieurs autres ont été sérieusement atteintes, mais la plus grande partie n'a pas souffert. A l'intérieur toutes sont complétement dévalisées, en sorte que la population a été obligée de se réfugier où elle a pu.

Le fort d'Aubervilliers, que je vis en passant, n'a pas été atteint. Les Prussiens sont nombreux sur les routes ;

on rencontre quelques Français qui vont visiter les environs ; tout se passe avec ordre ; une consigne sérieusement exécutée interdit l'entrée de la ville aux Allemands, qui se contentent de regarder sournoisement les remparts. Après les formalités ordinaires, je rentrai à Paris.

Je vais prendre quelques jours de repos, ensuite je continuerai mon voyage : je veux connaître dans toute leur étendue les ravages causés par l'ennemi et les excès qu'il a commis.

———

Ce qui m'étonna le plus à Paris, après cette courte absence, fut le changement des personnes et des figures. Pendant huit jours je n'avais pour ainsi dire vu que des Allemands, tous gras, épais et lourds. Ici je ne voyais que des visages empreints de tristesse ; chacun était affligé, mais résigné. Je rencontrai des marins qui suivaient le cercueil d'un de leurs camarades ; quel air décidé et résolu quoique triste ! Je rencontrai aussi plusieurs officiers français ; je les comparais aux officiers Allemands, et la comparaison n'était pas en faveur de ces derniers, qui sont presque tous raides et guindés. Leur tête toujours droite, leurs mouvements sans vivacité, leur marche saccadée, forment un singulier contraste avec l'allure pleine d'entrain de nos officiers.

Souvent on rencontre de longues files de femmes pâles et maigres attendant, les pieds dans la boue, une ration dérisoire de provisions envoyées par les Anglais.

Paris est tranquille ; ce n'est plus la ville remuante et agitée d'autrefois, on n'entend que de rares voitures ; le soir quelques lampes au pétrole remplacent le gaz et une demi obscurité règne dans les rues silencieuses.

On voit encore de tous côtés, sur les murs, de nombreuses proclamations du Gouvernement de la défense nationale. Après les malheureux événements qui viennent de se passer, il en est qui inspirent d'amères réflexions sur les hommes et sur les choses ; on ne peut lire sans tristesse des phrases telles que celles-ci, qu'on rencontre à chaque pas :

Après les forts, les remparts ; après les remparts, les barricades.

6 septembre 1870.

Nous ne céderons ni un pouce de notre territoire, ni une pierre de nos forteresses ; une paix honteuse serait une guerre d'extermination à courte échéance.

6 septembre 1870.

Préparez-vous à souffrir avec constance ; à cette condition, vous vaincrez.

14 septembre 1870.

Pour consentir à un armistice, la Prusse a osé demander a reddition de Strasbourg, de Toul et du Mont-Valérien. Paris, exaspéré, s'ensevelirait plutôt sous ses ruines.

15 septembre 1870.

Citoyens, le canon tonne, le moment suprême est arrivé.

19 septembre 1870.

Nous pouvons périr comme nation, mais non nous déshonorer; c'est une lutte indéfinie.

21 septembre 1870.

Nous croyons à la justice, à la vérité, à la fraternité des peuples.

30 septembre 1870.

Toul et Strasbourg viennent de succomber.

Elles ont, en tombant, jeté un regard vers Paris pour affirmer une fois de plus l'unité et l'intégrité de la patrie, l'indivisibilité de la République, et nous léguer, avec le devoir de les délivrer, l'honneur de les venger.

2 octobre 1870.

A l'heure présente, l'appareil de la mort n'a rien qui doive nous effrayer. Notre devoir pour la plupart, notre avenir pour tous, est là...

4 octobre 1870.

Nous voyons le jour où notre main rencontrera celle de nos frères des départements à travers les lignes ennemies, cédant enfin sous un commun effort.

6 octobre 1870.

Français !

Isolés, nous saurions sauver l'honneur, mais, avec vous et par vous, nous jurons de sauver la France.

7 octobre 1870.

————

Vous entendez maintenir le Gouvernement du 4 septembre, pour qu'avec vous il délivre le sol national de la souillure de l'étranger ; de son côté, il s'engage envers vous à poursuivre ce noble but jusqu'à la mort.

8 octobre 1870.

————

Pénétré de la foi la plus entière dans le retour de la fortune, etc..., je suivrai jusqu'au bout le plan que je me suis tracé, sans le révéler.

16 octobre 1870.

————

Nous ne pouvons sans déshonneur céder l'Alsace et la Lorraine. M. le comte de Bismarck ne trouvera pas un Français digne de ce nom qui pense et agisse autrement que nous.

18 octobre 1870.

————

Strasbourg, Toul..., nous devons tous mourir avant de les abandonner à l'étranger.

Pour moi, j'y suis bien résolu, j'en fais le serment devant vous, devant la nation tout entière ! Je ne rentrerai dans Paris que mort ou victorieux ; vous pourrez me voir tomber, mais vous ne me verrez pas reculer !

28 novembre 1870.

————

Paris ne veut pas succomber. Sa population tout entière, d'accord avec les hommes qui ont l'insigne honneur de diriger sa défense, repousse hautement toute capitulation.

2 janvier 1871.

———

Rien ne fera tomber les armes de nos mains. Courage, confiance, patriotisme !

Le gouverneur de Paris ne capitulera pas.

16 janvier 1871.

———

Citoyens,

L'ennemi tue nos femmes et nos enfants ; il nous bombarde jour et nuit ; il couvre d'obus nos hôpitaux. Un cri : « Aux armes ! » est sorti de toutes les poitrines ! Souffrir et mourir s'il le faut, mais vaincre !

19 janvier 1871.

———

ÉPILOGUE

Nous voici arrivés au moment critique :

L'état de nos subsistances ne nous permet plus d'attendre.

Dans cette situation, le Gouvernement avait le devoir absolu de négocier.

L'armée allemande occupera les forts, mais n'entrera pas dans l'enceinte de Paris.

27 janvier 1871.

———

C'est le cœur brisé de douleur que nous déposons les armes.

28 janvier 1871.

———

Nous avons cessé la résistance, rendu les forts, désarmé l'enceinte; notre garnison est prisonnière de guerre; nous payons une contribution de deux cents millions.

4 février 1871.

Je voyais encore différentes proclamations dans lesquelles le Gouvernement de la défense nationale déclarait que nos ennemis eux-mêmes reconnaissaient que nous avions été héroïques et qu'ils nous admiraient.

Je conteste à la Prusse, plus qu'à tout autre, le droit de nous admirer; ce ne serait pas sérieux, et je ne comprends pas que le Gouvernement du 4 septembre, qui a si souvent traité les Allemands d'hommes sans foi, vienne aujourd'hui mendier leurs éloges et en être fier.

Je sais qu'il était difficile de sauver la France; après la déroute de Sedan, notre position était des plus critiques; ceux qui nous gouvernaient ne l'ignoraient pas. Ne devaient-ils pas, profitant des leçons du passé, se renfermer dans une attitude calme, digne, exempte de bravade? ne devaient-ils pas se défier de ces proclamations banales, de ces discours vides, de ces serments qu'ils savaient ne pas pouvoir tenir, de ces phrases pompeuses qui ont fait des Français la risée de l'Europe? Quand deviendrons-nous sérieux, quand cesserons-nous de parler, quand saurons-nous agir? Pourquoi sans cesse nous dire à nous-mêmes que nous sommes un grand peuple? On juge les peuples comme les hommes, par les actes, et non par les paroles. Il ne tient qu'à nous de devenir assez grands pour n'avoir pas besoin de le dire. Mais si nous devons être plus modestes, ne tombons pas dans l'excès opposé ; qu'un lâche abattement ne remplace pas une aveugle confiance. J'avoue qu'après la capitulation de Paris j'avais cédé, comme tant d'autres, au découragement ; mais, depuis que j'ai vu de près les Allemands, cette première impression a disparu ; un autre sentiment a pris sa place, car j'ai pu reconnaître combien on avait exagéré la force de l'ennemi ; en le voyant de près, j'ai compris mieux que jamais les légitimes aspirations de la France. Sans doute nous traversons une des époques les plus désastreuses de son histoire ; mais, si nous sommes écrasés, nous n'avons pas été vaincus, nous avons été surpris : nous n'étions pas prêts ; aussi ai je la conviction qu'à la seconde épreuve, lorsque la lutte recommencera entre les deux nations, et cela arrivera fatalement, la France en sortira triomphante. Alors, et ce jour des revendications est moins éloigné qu'on ne pense, la Prusse, après avoir perdu les provinces qu'elle a si facilement conquises, rentrera dans ses anciennes limites, et de sa grandeur passagère il ne lui restera que le souvenir des maux qu'elle a causés.

Il ne faut pas craindre de le dire bien haut : depuis nos défaites, et grâce à la versatilité qui est le fond de notre caractère, autant nous méprisions les Allemands avant leurs succès, autant nous les trouvons supérieurs aujourd'hui. On parle sans cesse de leur admirable discipline, de leur puissante organisation, du mérite de leurs chefs et de la supériorité de leur artillerie ; mais on ne voit pas assez que la plupart de leurs soldats n'ont. ni l'apparence, ni l'esprit, ni les goûts militaires ; et si nos officiers ont voulu étudier leur armée, sa manière de combattre et son organisation, sans doute ils ont pu lui trouver le mérite de la direction, de la discipline et de l'ensemble, mais en même temps ils ont dû reconnaître que nos soldats ont des qualités individuelles supérieures à celles de leurs adversaires, que notre organisation militaire, réellement défectueuse, peut être refaite en quelques années, et que rien sous ce rapport ne nous empêche de reprendre courage et d'avoir confiance dans l'avenir.

On a vanté également les ouvrages des Prussiens autour de Paris ; on a beaucoup parlé d'une triple ligne de travaux d'attaque et de défense que l'on comparait à un cercle de fer nous étreignant de toutes parts. Rien de tout cela n'existe, je m'en suis assuré. On ne rencontre que quelques ouvrages, habilement disposés il est vrai, des abatis d'arbres, des batteries fixes établies sur les hauteurs pour battre les points sur lesquels nos troupes auraient pu se présenter, ou pour bombarder Paris. Ces dispositions sont bien prises, mais elles sont loin de mériter le degré d'admiration auquel, sur la foi d'autrui, chacun de nous se laisse aller.

Envisageons donc l'avenir sans crainte, mais profitons de la leçon que nous recevons, et surtout défions-nous de cette habitude que nous avons de croire à un homme.

à un sauveur, et de penser que le salut de la France peut dépendre d'un seul ; comptons uniquement sur nous, et soyons bien convaincus qu'un gouvernement, quel qu'il soit, n'aura de force et de grandeur qu'autant que chacun comprendra ses devoirs et les remplira virilement. Préparons nous avec résolution, mais sans forfanterie, et ne perdons pas de vue que la France mutilée doit reprendre sa place dans le monde, retrouver ses provinces perdues, sa prospérité compromise et assurer sa sécurité, menacée par l'insatiable ambition de la Prusse. C'est vers ce but que doivent tendre les espérances, les aspirations, les efforts de la nation tout entière ; c'est à l'accomplissement de cette tâche que la France devra sa régénération.

FIN

TABLE